Was ist Portfolioarbeit?

Katarina Raker
Wilfried Stascheit

Verlag an der Ruhr

Impressum

Titel:	Was ist Portfolioarbeit?
Autoren:	Katarina Raker, Wilfried Stascheit
Druck:	Druckerei Uwe Nolte, Iserlohn

 **Verlag an der Ruhr**
Alexanderstraße 54 – 45472 Mülheim an der Ruhr
Postfach 10 22 51 – 45422 Mülheim an der Ruhr
Tel.: 02 08 / 439 54 50 – Fax: 02 08 / 439 54 239
E-Mail: info@verlagruhr.de
www.verlagruhr.de

© **Verlag an der Ruhr 2007**
ISBN 978-3-8346-0306-7

*„Das Portfolio ist die Erfolgsgeschichte des
eigenen Lernens"* auf der Umschlagrückseite
vgl. Zitat von Müller, Seite 9

geeignet für alle Altersstufen

Gedruckt auf chlorfrei gebleichtes Papier.

Die Schreibweise der Texte folgt der neuesten Fassung
der Rechtschreibregeln – gültig ab August 2006.

Inhalt

> Es ist nichts Großartiges,
> besser zu sein als jemand anderes.
> Wahre Größe zeigt sich darin, besser zu
> sein, als man selbst es vorher war.
>
> Plakat in einer Grundschulklasse

Lieber Leser *,

das Portfolio als Lernbegleiter, Dokument der individuellen Lernentwicklung und prozessorientierte Alternative zur herkömmlichen Leistungsbewertung erfährt in den Schulen und Kindergärten viel Zuspruch. Portfolio ist dabei nicht gleich Portfolio. Mittlerweile gibt es viele verschiedene Konzepte mit unterschiedlichem Schwerpunkt – und bereits mindestens ebenso viel Literatur darüber. Doch was genau ist Portfolioarbeit eigentlich? Welche unterschiedlichen Konzepte gibt es, und wie kann ich sie einsetzen? Wie kann ich mit der Portfolioarbeit beginnen, und welches Konzept eignet sich für mich und meine Klasse oder meine Gruppe?

In diesem Buch finden Sie die wichtigsten Portfoliokonzepte im Überblick. Ziel dabei ist es nicht, Ihnen eine Schritt-für-Schritt-Anleitung für die Portfolioarbeit zu geben, denn wir sind der Meinung, dass Portfolio gerade von der Vielfalt und Individualität lebt. Jeder sollte selbst unter Berücksichtigung der individuellen Bedürfnisse und Voraussetzungen das für ihn und seine Lerngruppe geeignetste Konzept entwickeln. Am Ende des Buches geben wir Ihnen jedoch Tipps, wo Sie sich weiterführend über spezielle Konzeptionen der Portfolioarbeit informieren können. Außerdem finden Sie im Anhang Kopiervorlagen, die Sie bei Bedarf auf DIN-A4-Format vergrößern können.

Obwohl wir uns bereits seit einigen Jahren auch auf wissenschaftlicher Ebene mit dem Thema „Portfolioarbeit" beschäftigen, möchten wir hier darauf verzichten, Ihnen die Resultate in Form empirischer Forschungsergebnisse und theoretischer Abhandlungen näherzubringen. Stattdessen haben wir versucht, unsere Erfahrungen mit der Portfolioarbeit möglichst praxisnah zu dokumentieren.

Informationen zu Rahmenbedingungen, Voraussetzungen und Zielen helfen Ihnen, das richtige Konzept für Ihre eigene Arbeit auszuwählen. Die häufig gestellten Fragen und die Tipps zum Portfolio-Start unterstützen Sie bei der Einführung und den ersten Schritten mit der Portfolioarbeit.

Eines sei dabei vorweggenommen: Die Tatsache, dass es bereits sehr viele unterschiedliche Portfolio-Konzepte gibt, ist in sich selbst begründet: **Das** Portfolio-Konzept gibt es nicht. Portfolioarbeit muss sich von innen heraus entwickeln. Es ist ein Prozess, der sich immer verändert und laufend weiterentwickelt. Denn schließlich geht es bei der Portfolioarbeit um die individuelle Lernbegleitung junger Menschen. Ein Konzept, das von außen „aufgestülpt" wird, wäre daher ein Widerspruch in sich.

Wir möchten Ihnen dennoch Mut machen, mit der Portfolioarbeit zu beginnen. Zu sehen, wie sich eine Lerngruppe im Laufe der Zeit verändert, wie die Kinder, Schüler und Jugendlichen selbstständiger werden, wie sie immer mehr Verantwortung für das eigene Lernen, aber auch das der anderen Kinder übernehmen – das ist eine Erfahrung, die wir selbst nicht mehr missen möchten.

Wir wünschen Ihnen bei Ihrer Arbeit viel Spaß und viel Erfolg!

Katarina Raker
Wilfried Stascheit

Was genau ist ein Portfolio?

Man nehme einen Ordner. Sammle darin Dokumente von Schularbeiten. Fertig ist das Lernportfolio. Ganz und gar nicht! Das Portfolio verlangt und bietet viel mehr. Es ist gleichsam die Erfolgsgeschichte des eigenen Lernens.

Müller 2005, S. 9. In: Grundschule, Heft 6

Doch was genau ist nun eigentlich ein Portfolio?
Ganz allgemein kann man sagen:

 **Ein Portfolio ist die Zusammenstellung von Dokumenten und „Lernbeweisen", die die individuelle Lernentwicklung und den gegenwärtigen Leistungsstand eines Kindes widerspiegeln; Es ist die Biografie des Lernens.**

Ein Portfolio ist also keine Bildermappe, sondern ein pädagogisches Werkzeug, das die individuellen Entwicklungs- und Lernfortschritte des Kindes dokumentiert. Mit Hilfe des Portfolios erkennen Kinder, wie sie sich verändern und immer mehr dazulernen.

Vorrangiges Ziel der Portfolioarbeit ist die Entwicklung der **Selbstständigkeit** und der **Reflexionskompetenz** der Lerner. Bei der Portfolioarbeit erfahren Kinder, wie sie Wissen erwerben.

Diese Bewusstmachung hilft ihnen, immer mehr Verantwortung für ihr eigenes Lernen zu übernehmen. Sie lernen durch die Portfolioarbeit, ihren eigenen Lernprozess und Bildungsweg immer mehr selbst zu steuern und ihre Lernschritte eigenständig zu planen. Zudem lernen die Kinder von Beginn an, ihre Stärken und Neigungen zu erkennen und Verantwortung für den eigenen Lernweg zu übernehmen. Die im Portfolio enthaltenen Dokumente und Arbeitsergebnisse zeigen also nicht nur die Qualität ihrer Arbeit und ihren derzeitigen Leistungsstand, sondern zugleich auch, wie sich die Kinder im Laufe der Zeit weiterentwickelt haben.

Ein gut geführtes Portfolio zu öffnen, ist für Kinder, Lehrer, Erzieher und Eltern oft so, als würde man in eine Schatzkiste schauen. Dem Kind wird seine eigene Lernentwicklung bewusst: *„Schau mal, da war ich noch vier, und konnte noch gar keine Hände malen – das kann ich jetzt schon lange, ist doch babyhaft"*, oder *„Guck mal hier, da konnte ich grad mal meinen Namen schreiben – jetzt kann ich schon ganz lange Geschichten."*
Die Kinder erfahren ganz bewusst, wie sie sich weiterentwickelt haben und welche Kompetenzen sie bereits erworben haben. Das macht ihnen Mut, sich weitere Lernziele zu setzen und gezielt daran zu arbeiten. Viele Dokumente inspirieren die Kinder auch, frühere Aufgaben wieder aufzugreifen – und mit Hilfe ihres jetzigen Leistungsstandes noch einmal zu lösen.

Was gehört aber nun eigentlich hinein, in das Portfolio?

Diese Frage lässt sie nicht allgemeingültig beantworten, denn es gibt sehr viele unterschiedliche Portfoliokonzepte. Zudem ist es Ziel der Portfolioarbeit, die individuelle Lernentwicklung und die ganz persönlichen Stärken, Interessen, Neigungen und Fähigkeiten eines Kindes widerzuspiegeln. Dementsprechend wäre es natürlich ein Widerspruch zum Konzept, den Inhalt des Portfolios genau vorzugeben. Dennoch ist es gerade für den Beginn hilfreich, einen gewissen Rahmen vorzugeben; bei einigen Portfoliokonzepten ist dies auch Bestandteil des Programms.

Wir werden bei der Darstellung der unterschiedlichen Portfoliokonzepte konkreter darauf eingehen. Mögliche Inhalte eines Portfolios sind folgende:

Was gehört in ein Portfolio?

Je nach Portfoliokonzept ...

⇨ ein Inhaltsverzeichnis

⇨ ausgewählte Arbeitsergebnisse, die den gegenwärtigen
Leistungsstand dokumentieren

⇨ ausgewählte Arbeitsergebnisse, die einen Lernprozess dokumentieren (z.B. ein Text vom ersten Brainstorming über den Rohentwurf
bis zur fertigen, ästhetisch gestalteten Präsentationsversion)

⇨ ausgewählte Arbeitsergebnisse, die die Lernentwicklung des Schülers über einen längeren Zeitraum dokumentieren (z.B. über die
Dauer eines Unterrichtsthemas, eines (Schul-)Jahres, oder sogar
der gesamten Schulzeit), möglichst in chronologischer Reihenfolge

⇨ Reflexionsbögen von Schülern, Eltern und Lernbegleitern

⇨ Kommentare der Schüler zu den einzelnen Inhalten
mit der Begründung, warum sie sie ausgewählt haben

⇨ Zielvereinbarungen oder auch selbst gesetzte neue Lernziele

⇨ Gesprächsprotokolle

⇨ Beobachtungsprotokolle über Lernfortschritte

⇨ Rückmeldungen von Lehrern, Eltern oder Mitschülern

aber auch

⇨ Zeugnisse, Auszeichnungen, Urkunden, Mutmacher etc.

⇨ „Das bin ich"-Seiten – eine Art Selbstporträt,
das jedes Kind für sich selbst gestaltet

⇨ Teilnahmebescheinigungen

⇨ Lieblingsfotos

Welche Materialien brauche ich?

⇨ Ordner, Mappen, Hefter, Schachteln zur Aufbewahrung

⇨ Klarsichthüllen

⇨ (buntes) Papier

⇨ Pappe

⇨ Bleistifte, Buntstifte, Marker

⇨ Schere

⇨ Klebstoff

⇨ Trennstreifen

⇨ selbstklebende Etiketten

⇨ transparentes Klebeband

© Kathleen Lorenz/PIXELIO

Viele verschiedene Materialien kommen bei der Gestaltung der Portfolios zur Anwendung.

15 Argumente für die Portfolioarbeit

Sie möchten mit der Portfolioarbeit starten, sind aber noch nicht ganz überzeugt, ob es die Lernkultur in Ihrer Einrichtung wirklich verbessert? Im Laufe der Zeit haben wir viele positive Erfahrungen mit den Portfolios gesammelt, und während der Arbeit selbst erkannten wir immer mehr Argumente, die uns in unserem Vorgehen weiter bestärkten:

1. Portfolios stärken das Selbstvertrauen und die Selbstsicherheit

Ein gut geführtes Lernportfolio erzeugt bei den Kindern Selbstvertrauen und Selbstsicherheit, denn es zeigt, was man selbst kann. Zuversicht und Vertrauen in die eigenen Fähigkeiten sind Grundlagen für Handlungsfähigkeit in unterschiedlichen Situationen. Damit vermitteln Portfolios auch Schlüsselkompetenzen für das Leben nach der Schule.

2. Portfolios unterstützen den Erwerb sozialer Kompetenzen

Individuelles Lernen, das aber zugleich soziales und kooperatives Lernen ist – das ist einer der Grundsätze der Portfolioarbeit. Diese stellt die Lernentwicklung des einzelnen Kindes heraus, statt für alle Kinder einer Gruppe gleiche Beurteilungskriterien anzulegen. Seine eigenen Leistungen zu verbessern, ist das Ziel – nicht, sich an anderen zu messen und besser zu sein wollen, als die anderen es sind.

Portfolios unterstützen zudem die Entwicklung der Reflexionsfähigkeit jedes Lerners – bezogen auf das eigene Lernen, aber zugleich auch auf das eigene (soziale) Handeln. Insofern trägt Portfolioarbeit maßgeblich zum Erwerb sozialer Kompetenzen bei.

3. Portfolios lassen die eigenen Talente entdecken

Portfolioarbeit fördert die Entwicklung und Ausprägung eigener Talente. In den Portfolios sammeln und präsentieren die Schüler (neben anderem) ihre besten Lernergebnisse. Schon bei der Auswahl müssen sie ihre eigene Arbeit reflektieren. Häufig wird ihnen erst dabei bewusst, wo eigentlich ihre Stärken liegen, was sie besonders gut können, worin sie talentiert sind. Das gibt ihnen zugleich die Möglichkeit, an den eigenen Stärken weiter zu arbeiten und diese Talente weiter auszuprägen.

„Ich wusste gar nicht, dass ich das schon alles kann!" – Portfolios helfen, die eigenen Fähigkeiten zu erkennen.

4. Portfolios fördern selbstbestimmtes Lernen

Portfolioarbeit findet in einem demokratischen Verhältnis zwischen Kind und Lernbegleiter statt. Sie ermöglicht es den Lernern, selbst mit zu entscheiden, was sie als Nächstes lernen möchten und auf welchem Weg dies am besten gelingt.

5. Portfolios unterstützen die Selbstreflexion der Schüler

Die Arbeit mit Portfolios fördert die Reflexion der Kinder über ihre eigenen Arbeiten. Das ist ein wesentliches Element des entwicklungs- und schülerzentrierten Lernens.

6. Portfolios schaffen gezielte und kindgerechte Lernsituationen

Portfolios liefern gezielte Informationen darüber, wie ein Kind lernt. Auf der Grundlage dieser Informationen können dann Lernsituationen geschaffen werden, die den individuellen Lernbedürfnissen der Schüler gerecht werden.

7. Portfolios unterstützen die Selbstreflexion der Lernbegleiter

Portfolios bilden die Grundlage für eine ständige Selbstreflexion der Lehrer und Erzieher, denn sie geben nicht nur Rückmeldung über den individuellen Lern- und Entwicklungsfortschritt der Schüler, sondern auch darüber, wie die durch den Lernbegleiter gegebenen Rahmenbedingungen waren:

- ▶ Hat das Kind das Lernziel erreicht?
- ▶ Falls nein, was könnte die Ursache dafür sein?
- ▶ Haben die Aufgaben das Kind über- oder unterfordert?
- ▶ War der Umfang zu groß oder zu gering?
- ▶ War die gewählte Zugangsform zu einem Thema für das Kind nicht angemessen? Etc.

Portfolios machen aber auch den eigenen Erfolg sichtbar: *„Das alles haben meine Kinder schon erreicht. Ich kann auf meine Arbeit stolz sein."*

8. Portfolios schaffen eine lernerorientierte Leistungsmessung und -beurteilung

In vielen Kindergärten wird mittlerweile mit standardisierten Tests gearbeitet; insbesondere im Bereich der Sprachstandsfeststellung. In Schulen ist es generell üblich, Schüler durch summativ gewonnene Noten zu beurteilen. Beides wird dem Kind oft nicht gerecht, die Beurteilung wird von Schülern und Eltern als ungerecht empfunden. Selbst uns Pädagogen fällt es oft schwer, aus den isolierten Prüfungsergebnissen eine Note zu generieren, die uns angemessen scheint.

Portfolios eignen sich in besonderem Maße für eine alternative Leistungsbeurteilung, weil ...

▶ sie für das Kind, die Eltern und den Lernbegleiter gleichermaßen transparent sind,

▶ die Schüler die Möglichkeit haben, ihre ganz persönlichen Stärken mit einzubringen,

▶ die Lernentwicklung und der Lernzuwachs im Vordergrund stehen, nicht nur punktuelle, stichprobenartige Einzelergebnisse,

▶ die Bewertung mit Portfolios sich an einer individuellen oder kriterialen Bezugsnorm orientiert, nicht an einer sozialen: Bewertet wird nicht, wie die Leistungen eines Kindes im Verhältnis zu denen der anderen Kinder stehen, sondern ob das Kind die vereinbarten Ziele erreicht hat, und ob es sich selbst verbessert hat,

▶ neben der Fremdbeurteilung auch die Selbstbeurteilung in die Bewertung mit einfließt.

9. Portfolios verbessern Unterrichtsprozesse

Portfolios helfen, die kindliche Entwicklung besser zu verstehen und Unterrichtsprozesse besser, individueller und zielgerichteter zu planen. Je länger Sie mit Portfolios arbeiten, desto mehr Informationen über die optimalen Lernbedingungen des einzelnen Kindes spiegeln die Portfolios wider.

10. Portfolios unterstützen die Kommunikation

Portfolios liefern die Grundlage für eine gelungene Kommunikation. Mit ihrer Hilfe können Kinder, Lehrer, Erzieher und Eltern viel intensiver und konkreter die gemeinsame Arbeit mit dem Kind reflektieren. Grundlage der Gespräche sind dabei die direkten „Lernbeweise", dokumentiert in den Portfolios der Kinder.

11. Portfolios helfen, Übergänge kindgerecht zu gestalten

Portfolios liefern eine wertvolle Grundlage, um Übergänge kindgerecht zu gestalten. Das kann sowohl der Übergang vom Kindergarten in die Schule, als auch der Übergang von einer Institution zur anderen, z.B. bei einem Ortswechsel, sein. Anhand des Portfolios erfährt der Lehrer oder Erzieher viel über die (Lern-)Biografie des Kindes. Das ermöglicht ihm, das Kind da abzuholen, wo es steht, und von Beginn an auf seine individuellen Bedürfnisse einzugehen. Andererseits präsentieren die Kinder der neuen Bezugsperson ihr Portfolio voller Stolz, und haben so die Möglichkeit, ihre persönlichen Interessen, Stärken und Fähigkeiten konkret mitzuteilen.

12. Portfolio ist Schatzsuche statt Fehlerfahndung

In der Portfolioarbeit werden individuelle Stärken hervorgehoben, statt den Blick auf Defizite zu lenken.

13. Portfolios machen Lernentwicklung sichtbar

Die Portfolios zeigen den Prozess des Lernens auf. In ihnen wird die Lernentwicklung jedes einzelnen Kindes sichtbar – für die Eltern, die Lernbegleiter und vor allem für das Kind selbst. Das hilft, sich der eigenen Stärken bewusst zu werden, und Selbstvertrauen zu entwickeln: *„Guck mal, was ich jetzt schon alles kann – letztes Jahr konnte ich das noch nicht."*

14. Portfolioarbeit unterstützt gute Elternarbeit

Portfolioarbeit hilft, Eltern aktiv in den Prozess des Lernens mit einzubeziehen. Durch die Portfolios erhalten sie einen kontinuierlichen Einblick in die Lernentwicklung des Kindes und die Arbeit im Kindergarten bzw. der Schule.

Und nicht zuletzt:

15. Portfolios machen Mut!

„Das alles habe ich nun schon dazugelernt? Dann schaff ich das Neue auch!"

© Vladimir Mucibabic – Fotolia.com

„Schau mal, was ich schon gelernt habe!" – Portfolios machen Mut.

Portfoliokonzepte im Überblick

So individuell wie die Inhalte der Portfolios selbst sind auch ihre Darstellungs- und Nutzungsformen. Mittlerweile hat sich auch im deutschsprachigen Raum eine Vielfalt an unterschiedlichen Portfoliokonzepten und -typen herausgebildet. Je nach Zweck, Klassenstufe, Lernbereich etc. gibt es unterschiedliche Portfoliokonzepte, die sich zum Teil auch überschneiden oder ergänzen. Die Chancen der Arbeit mit Portfolios liegen dabei gerade in der Vielfalt: Jede Schule bzw. jeder Kindergarten sollte selbst anhand der verschiedenen Konzepte das für sich und seine Lerngruppen am besten geeignete Modell entwickeln.

Die folgende Übersicht gibt einen Überblick über die gängigsten Portfoliokonzepte, die anschließend näher erläutert werden:

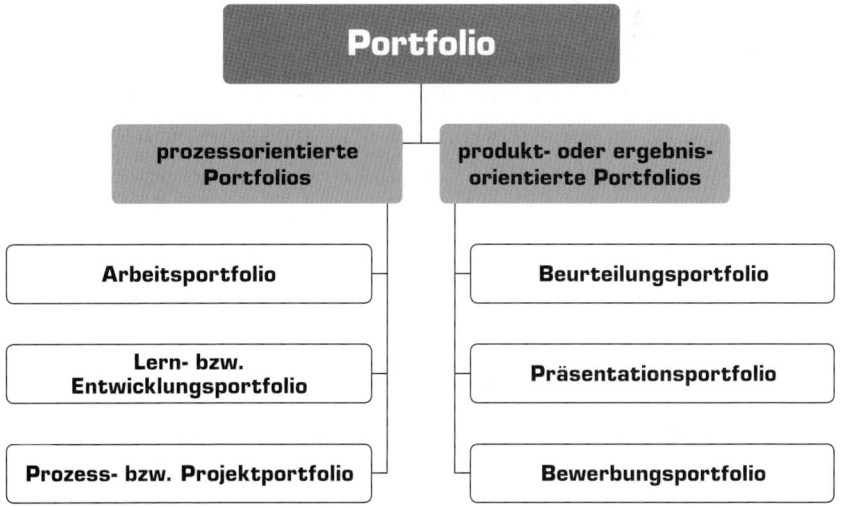

Die verschiedenen Portfoliokonzepte im Überblick

Es lassen sich insgesamt zwei große Gruppen von Portfolios definieren:

▶ **prozessorientierte Portfolios**
▶ **produkt- oder ergebnisorientierte Portfolios**

Prozessorientierte Portfolios

Prozessorientierte Portfolios dokumentieren den Prozess des Lernens und damit die Lernentwicklung der Schüler. Je nach Konzept steht der Entstehungsprozess einzelner Ergebnisse im Vordergrund (z.B. eines Projektes) oder die gesamte Lernentwicklung über einen längeren Zeitraum. Im Unterschied zu rein produktorientierten Portfolios werden hier meistens alle wichtigen Teilschritte des Lernens dokumentiert, also nicht nur fertige Endergebnisse, sondern auch Arbeiten, die den Entstehungsprozess eines Ergebnisses verdeutlichen, z.B. erste Skizzen, Brainstormings sowie Zwischenreflexionen, Planungsschritte etc. Das Ziel der prozessorientierten Portfolios ist vor allem die Entwicklung des eigenständigen Lernens und der Planungs- und Reflexionskompetenz der Schüler.

Das Arbeitsportfolio

Im Arbeitsportfolio werden ausgewählte Arbeiten der Schüler gesammelt, bevor sie in ein **Beurteilungs-** oder **Präsentationsportfolio** aufgenommen werden. Die Arbeiten können bereits abgeschlossen sein oder aber noch in Bearbeitung. Das Arbeitsportfolio dient vor allem der Diagnose des Lernens. Damit ermöglicht es eine gezielte, individuelle und differenzierte Planung der Lern- und Arbeitsschritte für jeden einzelnen Schüler.

Das Lern- bzw. Entwicklungsportfolio

Im Entwicklungsportfolio werden alle Inhalte gesammelt, die Aufschluss über die Entwicklungsschritte geben. Das Entwicklungsportfolio begleitet ein Kind über einen langen Zeitraum, z.B. über die gesamte Kindergarten-

oder Grundschulzeit. Es ist sinnvoll, das Entwicklungsportfolio in verschiedene Kategorien zu unterteilen. So könnten z.b. in der Kategorie „Schreibentwicklung" alle Belege gesammelt werden, die die Zunahme der schriftsprachlichen Fähigkeiten des Kindes verdeutlichen: von ersten Kritzelbildern bis zu ausformulierten Texten.

Ein wichtiger Aspekt des Entwicklungsportfolios ist die Selbstreflexion. Durch das gemeinsame Anschauen und gegenseitige Präsentieren der Portfolios wird den Kindern ihre eigene Lernentwicklung bewusst gemacht. Das Entwicklungsportfolio hilft auch den Lernbegleitern, die Lernentwicklung der Schüler gezielt zu beobachten. Für sie ist das wichtigste Ziel, daraus Rückschlüsse für den weiteren Lernprozess abzuleiten:

▶ *In welchen Bereichen besteht Förderbedarf?*
▶ *Wo liegen die Stärken des Schülers?*
▶ *Welche Lernmethoden kommen dem Schüler entgegen,*
  und was kann ich als Lernbegleiter ihm für Materialien
  anbieten, damit er die gemeinsam formulierten Ziele erreicht?

Das Prozess- bzw. Projektportfolio

Im Prozessportfolio dokumentieren die Schüler den Entstehungsprozess eines Werkes oder auch den Prozess eines Projektes bzw. einer längeren Unterrichtseinheit. Das Ziel ist vor allem eine prozessorientierte, transparente Leistungsbewertung. Wichtig ist, dass sich die Schüler vorher selbst ein Ziel setzen für das, was sie erreichen möchten. Dies wird ebenso im Portfolio dokumentiert wie die einzelnen Teilschritte, die zum Ziel geführt haben.

Während des Prozesses geben sowohl Lehrer, als auch die Lerngruppe, in regelmäßigen Abständen ein Feedback, das ebenfalls im Portfolio dokumentiert wird. Ein Kriterienkatalog, der entweder vom Lehrer vorgegeben oder gemeinsam mit den Schülern entwickelt wird, hilft dabei. Bewertet wird hinterher nicht nur das fertige Produkt, sondern auch der Lernweg und die Teilprozesse, die im Portfolio dokumentiert sind.

Das Projektportfolio enthält in der Regel **Pflichtteile**, die wahlweise alle Schüler anfertigen müssen, oder die individuell für jeden Schüler einzeln festgelegt werden. Darüber hinaus gibt es **Wahlteile**, bei denen die Schüler selbst entscheiden, welche Aufgaben sie bearbeiten, und welche der Ergebnisse sie in ihrem Projektportfolio dokumentieren.

Das Projektportfolio erzeugt bei den Schülern auch Transparenz über die Unterrichtsthemen und -inhalte. Sie erkennen bereits zu Beginn des Projektes, welcher Zeitraum zur Erarbeitung des Themas zur Verfügung steht, welche Inhalte relevant sind, und welche Ziele sie am Ende erreicht haben sollten. Das hilft ihnen dabei, ihre Lernprozesse eigenständig zu planen und die erreichten (und noch nicht erreichten) Teilziele zu festgesetzten Zeitpunkten immer wieder zu reflektieren.

Am Ende des Projektes steht keine Leistungsüberprüfung, sondern die gemeinsame Präsentation und Auswertung der im Portfolio dokumentierten Ergebnisse:

▸ *Wurden die vereinbarten Ziele erreicht?*
▸ *In welchen Bereichen sollten die erworbenen Kenntnisse noch vertieft werden?*
▸ *Was hat gar nicht geklappt – und warum nicht?*

Manchmal bietet es sich bei einem Projektportfolio aber auch an, zunächst keine festen Regeln zu vereinbaren, welche Bestandteile das Portfolio aufweisen soll, z.B. bei einem Projekt im Fach Kunst, in dem der experimentelle Charakter im Vordergrund steht. Hier ist das Portfolio dann eher ein Zufallsergebnis, das durch den individuellen, experimentellen Charakter der jungen Künstler geprägt ist, und nicht durch Lehrpläne und Bildungsvorgaben gesteuert wird. Diese Art von Projektportfolio ist für viele Schüler ebenfalls eine sehr spannende Erfahrung, da sie sich auf etwas ganz Neues einlassen. Hinterher sind sie oft sehr überrascht, was für tolle Ergebnisse und was für ein eindrucksvolles Portfolio als Dokumentation der eigenen Fähigkeiten entstanden sind, derer sie sich oftmals im Vorhinein gar nicht bewusst waren.

Produkt- oder ergebnisorientierte Portfolios

Produkt- oder ergebnisorientierte Portfolios enthalten in der Regel eine
Sammlung von besonders gelungenen Arbeiten, die den gegenwärtigen
Leistungsstand des Schülers dokumentieren. Sie sollen vor allem die Stärken,
Interessen, Neigungen und Fähigkeiten des Schülers aufzeigen. Mit diesen
Portfolios werden vor allem zwei Ziele verfolgt:

▶ Die Dokumentation und Präsentation der eigenen Fähigkeiten
und somit auch der eigenen
Persönlichkeit.

▶ Die Ausbildung von Reflexionskompetenzen. Der Auswahlprozess ermöglicht es den Schülern,
den eigenen Lernprozess zu
reflektieren und sich der
eigenen Stärken und Fähigkeiten
überhaupt bewusst zu werden.

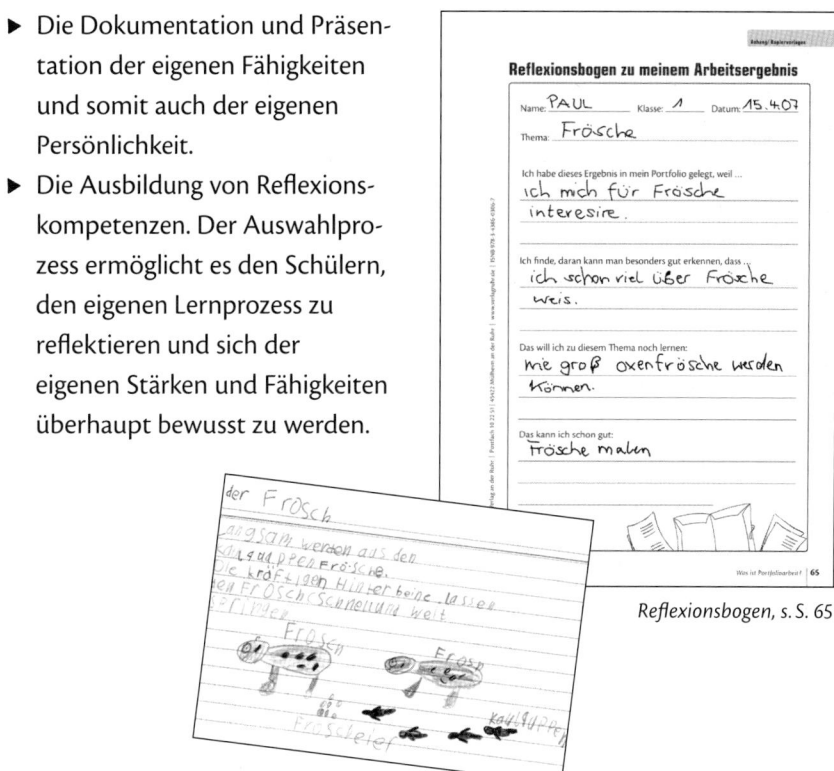

Reflexionsbogen, s. S. 65

Das Beurteilungsportfolio

Im Beurteilungsportfolio werden die Arbeitsergebnisse dokumentiert, die
den gegenwärtigen Lernstand des Schülers dokumentierten. Bezugsnorm
sind dabei in der Regel durch den Lehrplan oder Bildungsstandards vorgegebene Lernziele. Wichtig ist, dass die Kriterien, nach denen Beurteilungsportfolios bewertet werden, gemeinsam entwickelt werden und für alle

verbindlich sind. Zudem müssen sie den Schülern von vornherein transparent gemacht werden. Diese Kriterien beziehen neben dem Inhalt auch den Umfang sowie die sprachliche und die ästhetische Gestaltung des Portfolios mit ein.

Das Präsentationsportfolio

Für das Präsentationsportfolio wählt der Schüler aus den Prozess- oder Entwicklungsportfolios die gelungensten Arbeiten aus, oder auch diejenigen, mit denen er einen ganz bestimmten Aspekt verdeutlichen möchte. Ein Präsentationsportfolio wird meist am Ende eines Schuljahres erstellt. Es dient dazu, dem Adressaten seinen Wissensstand und seine Kompetenzen anhand konkreter Arbeitsergebnisse zu verdeutlichen und kann z.B. bei Bewerbungen eine wichtige Ergänzung zum Zeugnis sein. Wesentlicher Bestandteil des Präsentationsportfolios ist der Portfoliobrief. Er enthält zu jeder ausgewählten Arbeit Angaben darüber, warum das Werk ausgewählt wurde und welche Kompetenzen sich daran verdeutlichen lassen.

Das Bewerbungsportfolio

Das Bewerbungsportfolio erstellen die Schüler zum Ende ihrer Schulzeit. Es ergänzt bzw. ersetzt die herkömmliche Form der Bewerbung. Neben dem Bewerbungsanschreiben, dem Lebenslauf und den Zeugnissen enthält es ausgewählte Arbeiten aus verschiedenen Bereichen, die die eigene Persönlichkeit genauer beschreiben und anhand derer die Schüler ihre ganz persönlichen Stärken, Interessen und Fähigkeiten verdeutlichen.

Darüber hinaus gibt es natürlich noch diverse Mischformen.

In den folgenden Kapiteln beziehen wir uns vor allem auf das **Lern-** bzw. **Entwicklungsportfolio**, denn es ist eine gängige und vielleicht auch die wichtigste und wertvollste Form der Portfolioarbeit: Es ist die **Lernbiografie** des Kindes.

4 Portfolios auch im Kindergarten?

Entwicklungsdokumentation, Bildungsarbeit, gezielte Förderung bereits im Kindergarten – das sind Schlagworte der gegenwärtigen bildungspolitischen Debatte um die Kleinsten. Nicht immer zur Freude der Erzieherinnen: *„Wir dokumentieren uns zu Tode"* war erst kürzlich der Tenor eines Kongresses zur frühkindlichen Bildung.

Portfolios im Kindergarten – ist das also sinnvoll?

Das größte Problem an der Dokumentation ist häufig, dass daraus zu wenige Konsequenzen für die Praxis resultieren. Informationen werden gesammelt und wachsen zu einer gewaltigen Datenmenge heran, ohne dass sie gezielt ausgewertet werden können und ohne dass daraus Förderangebote folgen (können). Die Arbeit mit Portfolios hingegen – auch eine Form der Bildungsdokumentation – bezieht Kinder und Eltern gleichermaßen von vornherein mit ein. Es wird nicht nur über das Kind dokumentiert, sondern das Kind „dokumentiert selbst" – und ist somit aktiv in seinen Lern- und Entwicklungsprozess einbezogen.

Kindergartenportfolios sind Lern- bzw. Entwicklungsportfolios. Sie begleiten das Kind während der gesamten Kindergartenzeit. Ebenso wie das Kind, entwickelt sich das Portfolio im Laufe der Zeit immer weiter. Wie ein roter Faden dokumentiert es die Lernentwicklung des Kindes.

Auf welche Weise die Erzieherinnen mit den Portfolios arbeiten, ist von Kindergarten zu Kindergarten verschieden.

Für die Arbeit innerhalb einer Einrichtung ist es jedoch einfacher, wenn
alle Erzieherinnen sich auf eine gemeinsame Struktur einigen. Diese sollte
sowohl für die Erzieherinnen, als auch für die Eltern und die Kinder selbst
nachvollziehbar sein. Möglich ist z.B. die Einteilung in „Das bin ich"-Seiten
und die einzelnen Bildungsbereiche. Die ersten Muster, die ein Kind aus
geometrischen Moosgummiformen gelegt hat, werden fotografiert, kommentiert und im Bereich „Mathematisches Grundverständnis" eingeheftet.
Die ersten Kritzelbilder kommen zum Bereich „Sprachliches Grundverständnis" oder „Schreibentwicklung", das Foto vom ersten Purzelbaum zu „Bewe-
gung und Gesundheit".

Bei dieser Einteilung wird das Portfolio vor allem als Lerninstrument gesehen. Es wird dokumentiert, wie sich das Kind in den verschiedenen Lern-
bereichen entwickelt hat und was es bereits kann. Diese Art der Einteilung
eignet sich auch gut, um die Eltern aktiv in die frühkindliche Bildungsarbeit
mit einzubeziehen, indem man regelmäßig mit ihnen das Portfolio betrach-
tet und die einzelnen Entwicklungsschritte anhand der Beispiele bespricht.

Die schwedischen Vorreiter der Portfolioarbeit im Kindergarten verwenden
dagegen häufig eine Einteilung wie die folgende:

▶ Das bin ich
▶ Das kann ich schon
▶ Meine Familie und meine
  Freunde
▶ Das machen wir im
  Kindergarten
▶ Das denke ich über …

Diese Einteilung stellt noch mehr
den Blick des Kindes selbst in den
Vordergrund und ist damit vor
allem eine Art ICH-Buch, in dem die
Kinder selbst ihre Einschätzungen
und Sichtweisen dokumentieren.

Mögliche Struktur eines Portfolios
© Erika – Fotolia.com

In manchen Kindergärten haben die Portfolios auch eine sehr starre Struktur, bei der alle Inhalte aus Formblätter bestehen, die dann für die Kinder oder bestenfalls mit den Kindern ausgefüllt werden. Diese Art von Portfolio dient vor allem dazu, so genannte „Risikokinder" frühzeitig zu erkennen und mögliche Defizite rechtzeitig zu „beheben". Von einer derartigen Form der Entwicklungsdokumentation raten wir jedoch ab, da sie nicht von den Stärken des Kindes ausgeht und nicht dem Kern der Portfolioarbeit entspricht. Unabhängig davon, welche Einteilung Sie für Ihr Portfolio wählen, sollten Sie Folgendes beachten.

Kommentare auf den Portfolioseiten

Versehen Sie jeden Eintrag mit dem Namen des Kindes und dem Datum. Lassen Sie sich von Beginn an einen Kommentar zu jedem Dokument von den Kindern diktieren – so lernen bereits die ganz Kleinen, die „Lernbeweise" für das Portfolio selbst auszuwählen und ihre Auswahl zu begründen. Das kann z.B. der erste Erfolg beim Fahrradfahren sein, der große Bauklotzturm, den ein Kind ohne Hilfe gebaut hat, oder ein Bild von der Exkursion an den Teich, wo gemeinsam Kaulquappen beobachtet wurden. Außerdem sollten Sie sich dessen bewusst sein, dass Aussagen von Beobachtern manchmal mehr über den Beobachter aussagen, als über das Beobachtete selbst. Die Sicht des Kindes ist entscheidend – nicht nur Ihre eigene. Zudem bietet diese Form des „Diktats" auch die Chance, mit den Kindern über ihre Interessen, Fähigkeiten und Lernerfolge ins Gespräch zu kommen.

Seite aus Jans Kindergartenportfolio

Fotos

Insbesondere im Kindergarten, aber auch in der Schule sollten Sie sich angewöhnen, viel zu fotografieren. Sie werden sehen, dass es nicht lange dauert, bis die Kinder selbst auf Sie zukommen, damit Sie besondere Ereignisse für sie dokumentieren.

Organisation

Gerade im Kindergartenalltag bleibt oft wenig Zeit für die Dokumentation. Schaffen Sie sich eine Ablage, in der während der Woche alle Kinder ihre Seiten für das Portfolio ablegen. Machen Sie sich, während Sie beobachten, immer mal wieder kurze Notizen. An einem Kindergartentag passiert so viel, und am Abend haben Sie schon die Hälfte wieder vergessen. Auch Ihre kurzen Notizen können Sie in dieser Ablage zunächst hinterlegen. Einmal in der Woche sollten Sie dann die Materialien aus der Ablage gemeinsam mit den Kindern in die Portfolios einheften.

Zusammengefasst lässt sich also sagen:

Insgesamt bieten Portfolios eine gute Möglichkeit, die Lernentwicklung der Kinder zu beobachten und gemeinsam die Qualität frühkindlicher Bildung zu verbessern. Hinzu kommt, dass gerade Kindergartenkinder oft sehr viel Freude an ihren Portfolios haben und sie gerne und oft anschauen und anderen präsentieren. Das wiederum ist die beste Form, eine positive Haltung zum Lernen und Vertrauen in die eigenen Fähigkeiten zu entwickeln!

5 Voraussetzungen für die Portfolioarbeit

Für jedes Kind einen Ordner angeschafft, ein paar Kopiervorlagen einge-heftet, und schon kann es losgehen mit der Portfolioarbeit? Ganz so einfach ist es leider nicht. Damit aus den Portfolios nicht nur hübsche Bildermappen werden, sondern ein ernsthaftes und wertvolles Instrument der Lernent-wicklungsdokumentation, bedarf es bestimmter Voraussetzungen. Diese beziehen sich zum einen auf die äußeren Rahmenbedingungen, vor allem aber auch auf ein ganz spezifisches Verständnis von Lehren und Lernen in einem demokratischen Verhältnis.

Portfolioarbeit basiert auf der **konstruktivistischen Lerntheorie.** Diese geht davon aus, dass sich die Schüler ihr Wissen und ihre Kompetenzen selbst in Form eines aktiven Konstruktionsprozesses aneignen. Aus dieser Annahme resultiert auch ein verändertes Verständnis von Schule und Unterrichtsformen. Der Lehrer als Wissensvermittler hat demnach wesent-lich weniger Einfluss auf den Lernprozess der Schüler, als gemeinhin an-genommen wird. Um das Lernen der Schüler optimal zu unterstützen und zu einem sinnhaften, für den Lerner bedeutsamen und nachhaltigen Prozess werden zu lassen, muss der Lehrer in seiner Funktion als Wissensvermittler mehr und mehr zurücktreten.

Als optimale Lernform erweist sich das **Lernen an offenen, lebensnahen und herausfordernden Problemstellungen.** Mit der Portfolioarbeit gehen also ein neues Verständnis von Lehren und Lernen sowie die Etablierung einer neuen Lernkultur einher.

Gute Portfolioarbeit bedingt aber noch mehr ...

Gute Portfolioarbeit braucht ...

○ ... spezifische äußere Rahmenbedingungen

▶ Wer führt für welches Kind das Portfolio?
▶ Sollen alle Lehrer mit daran arbeiten, also auch die Fachlehrer
oder nur der Klassenlehrer?
▶ Sollen im Kindergarten die Erzieherinnen die Verantwortung
für bestimmte Portfolios unter sich aufteilen?
▶ Braucht es eine Portfolio-Expertin im Team?
▶ Wie behält man den Überblick über die Kontinuität der Portfolioarbeit?
Über all das sollte bereits im Vorfeld entschieden werden.

○ ... ein spezifisches Verständnis von „Lernen als aktiver, selbstgesteuerter Prozess"

▶ Institutionalisierte Leistungsnachweise mit ihrer Ergebnisorientierung
und punktuellen Erfassung von Lernergebnissen dürfen nur eine
untergeordnete Rolle spielen.
▶ Portfolioarbeit darf nicht losgelöst von den sonstigen Prozessen in der
Schule oder im Kindergarten stattfinden. Portfolioarbeit bedeutet nicht,
eine hübsche Mappe zusammenzustellen, sondern das Portfolio soll
Lern- und Entwicklungsprozesse langfristig begleiten und unterstützen.
▶ Portfolioarbeit fördert die Fähigkeit zur Selbstreflexion. Sie muss jedoch
regelmäßig geübt und gezielt weiterentwickelt werden.

○ ... ein verändertes Rollenverständnis von „Lehrer" und „Erzieher"

Der Lehrer als Wissensvermittler, der Erzieher als Beaufsichtigender und
Animateur? Dieses Rollenverständnis hat sich in den meisten Bildungseinrichtungen zwar längst gewandelt, aber es gibt es noch – und ist mit
erfolgreicher Portfolioarbeit natürlich nicht vereinbar. Stattdessen werden
Erzieher und Lehrer zum Lernbegleiter der Kinder.

Aufgaben des Lernbegleiters:

▶ Informationen bereitstellen

▶ Lernanlässe schaffen

▶ Vermittlung von Schlüsselkompetenzen:
  – Förderung des selbstständigen Lernens
  – Vermittlung von Methodenkompetenz und
  – Förderung sozialer Fähigkeiten

▶ das Kind ermutigen,
  – seine eigenen Stärken zu finden,
  – Interessen herauszufinden,
  – eigene Ziele zu setzen,
  – Verantwortung für das eigene Lernen zu übernehmen.

◯ ... Zeit

▶ Wie gewinnen wir Zeit für eine wöchentliche Portfoliostunde, die fest im Stundenplan integriert ist?

▶ Welche Zeit eignet sich, in der die Kinder gezielt an ihren Portfolios arbeiten können und in der sie die im Laufe der Woche gesammelten Lernbeweise kommentieren und einheften, besonders gelungene Ergebnisse im Rahmen der Reflexions- kompetenz- entwicklung zu präsentieren etc.?

*Die Kinder lernen selbstständig.
Lehrer und Erzieher werden
zum Lernbegleiter.*

▶ Wie schaffen wir Zeit für die individuellen Portfoliogespräche und wie oft sollen sie stattfinden?

▶ Welche regelmäßigen Termine legen wir für die Portfoliogespräche im Beisein der Eltern fest?

⊙ ... Raum

▶ Wo können wir die Portfolioordner unterbringen?

▶ Wie stellen wir sicher, dass Unbefugte (also auch Eltern anderer Kinder) nicht ungefragt Einblick in fremde Portfolios nehmen? (Portfolios enthalten unzählige datenschutzrelevante Informationen!)

▶ Wo können die Kinder ihre Lernbeweise sammeln, die in das Portfolio sollen, aber noch nicht kommentiert sind?

⊙ ... Klarheit über ein bestimmtes Konzept

▶ Welches Konzept wollen wir unserer ganz persönlichen Arbeit in unserer Einrichtung zugrunde legen?

▶ Wie schaffen wir es, das Konzept für unsere Kinder und unsere Bedürfnisse zu modifizieren und weiterzuentwickeln?

▶ Welchen Zeitrahmen setzen wir uns für die Erprobungsphase, wann starten wir die erste Evaluation und setzen uns für unsere Portfolioarbeit neue Ziele?

⊙ ... Klarheit über eine bestimmte Struktur

▶ Welche Seiten verwenden wir in welcher Reihenfolge?

▶ Wie viele Lernbeweise sollten die Kinder im Schnitt pro Jahr einheften – oder sollen wir diese Frage offen lassen, um aus der individuellen Quantität Rückschlüsse auf die Interessen und die Lernmotivation der Kinder zu ziehen?

▶ Wollen wir auch standardisierte Blätter verwenden, z.B. für die Reflexionen oder für verbindliche Ergebnisse, die alle Schüler im Portfolio dokumentieren sollen?

⬜ ... die Mitarbeit der Kinder

Nur wenn den Kindern klar ist, welche Ziele die Portfolioarbeit
verfolgt, haben sie die Möglichkeit, sich aktiv daran zu beteiligen.

▶ Erläutern und begründen wir den Kindern die einzelnen Schritte
der Portfolioarbeit?

▶ Wissen die Kinder, wozu sie die Portfolios anfertigen, und werden
sie entsprechend wertgeschätzt?

▶ Haben wir gemeinsam mit den Kindern eine Vereinbarung getroffen,
wann an den Portfolios gearbeitet wird, wo sie abgelegt werden
und wo die Kinder die entsprechenden Formulare finden?

▶ Führen wir regelmäßige Präsentationsphasen durch, in denen
die Kinder ihre Werke präsentieren können?

⬜ ... die Unterstützung der Eltern

Portfolioarbeit bedeutet auch kooperatives Lernen und Zusammenarbeit –
zwischen Eltern, Pädagogen und dem Kind. Es ist wichtig, dass Eltern von
Anfang an aufgeklärt und miteinbezogen werden. Stellen Sie sich vor, ein
Kind möchte den Eltern stolz seine Leistungen im Portfolio präsentieren
und erfährt stattdessen nur einen abwertenden Kommentar, weil die Eltern
den Sinn der Methode nicht verstanden haben ...

▶ Haben wir die Eltern über die Ziele der Portfolioarbeit und unser
Umsetzungskonzept informiert?

▶ Haben wir ihnen ein Beispielportfolio gezeigt und anhand dessen die
Vorteile der Methode für die Lernentwicklung des Kindes verdeutlicht?

▶ Haben wir die Eltern eingeladen, selbst am Portfolio mitzuarbeiten, indem
sie von Zeit zu Zeit wertschätzende und ermutigende Kommentare
einheften oder mit dem Kind zu Hause mal gemeinsam eine Seite
gestalten?

▶ Haben wir die Termine für gemeinsame Portfoliogespräche verbindlich
mit Eltern abgesprochen und verdeutlicht, dass ihre Teilnahme an diesen
Gesprächen nicht nur wünschenswert ist, sondern notwendige Grundlage
für die Portfolioarbeit?

● ... Material

▶ In welcher Form wollen wir die Portfolios anlegen:
Ordner, Sammelmappen, Schatzkisten etc.?

▶ Gibt es eine oder mehrere funktionstüchtige Digitalkamera(s)?

▶ Ist ein Farbdrucker vorhanden, gibt es einen guten Vorrat
an Ersatztinte und Fotopapier?

▶ Stehen den Kindern jederzeit Kopien der Vorlagenblätter zur Verfügung?

▶ Gibt es im Klassenraum ein Materialregal mit einem Locher,
Trennstreifen etc. für die Portfolioordner (s. S. 12)?

● ... Qualitätsmanagement

Zudem sollte Portfolioarbeit im Optimalfall auch immer Teil der Schul-
bzw. Kindergartenentwicklung und des Qualitätsmanagements sein,
denn aus Portfolios lassen sich sehr gut Rückschlüsse auf die Qualität der
Lernbegleitung ziehen, wenn sie unter diesem Gesichtspunkt umfassend
und kontinuierlich ausgewertet werden.

Zusammengefasst lässt sich also sagen:

Portfolioarbeit ist eine grundlegende Methode, um Kinder zur Selbstreflexion, zum Erkennen ihrer eigenen Stärken, zum Nachdenken über
Lernprozesse anzuregen. Damit vermittelt sie Kindern zentrale Schlüssel-
qualifikationen für Anforderungen der Zukunft. Aber Portfolioarbeit kann
diesem Anspruch nur gerecht werden, wenn die oben genannten Rahmenbedingungen erfüllt werden und auch das gesamte Lernen auf diese Ziele
ausgerichtet ist. Zentrale Wissensvermittlung im klassischen Sinne wird
auch mit Portfolioarbeit nicht zukunftsfähiger.
Andersherum: Wenn Bildungseinrichtungen nach einem modernen,
kindzentrierten Bildungskonzept arbeiten und Kinder bei der Planung
und Umsetzung von Bildungsinhalten und -zielen konsequent mit einbeziehen, kann Portfolioarbeit die Zukunftschancen der Kinder erhöhen.

6 Erste Schritte mit der Portfolioarbeit

Wie kann ich mit der Portfolioarbeit beginnen, und was muss ich gerade am Anfang beachten?

In vielen Büchern finden Sie mittlerweile 10-Punkte-Programme oder Schritt-für-Schritt-Anleitungen für den Start mit der Portfolioarbeit. Sie können hilfreich sein und den Einstieg erleichtern. Auf der anderen Seite müssen Sie selbst herausfinden, welche Schritte für Sie und Ihre Lerngruppe geeignet sind. Portfolioarbeit ist ein sich ständig weiterentwickelnder Prozess.

Wir möchten Ihnen ein paar Tipps für den Anfang an die Hand geben. Generell gilt: **Fangen Sie möglichst klein an, und steigern Sie sich immer weiter.** Beginnen Sie z.B. mit einem Projektportfolio über einen bestimmten Zeitraum. Fangen Sie an, die Schüler an eigene Reflexionen heranzuführen, indem sie zu regelmäßigen Zeitpunkten, z.B. jeden Tag vor der Frühstückspause, eine besonders gelungene Arbeit den Mitschülern präsentieren lassen, bei der sie auch ihre Auswahl begründen. Wenn Sie im Kindergarten arbeiten: Beginnen Sie damit, Ihre Beobachtungskompetenz zu schulen. Beobachten Sie jeden Tag ein paar Minuten ein bestimmtes Kind und schreiben Sie auf, was Ihnen aufgefallen ist. Setzen Sie sich nach und nach Beobachtungsziele und Leitfragen, z.B. *„Heute möchte ich ganz gezielt die feinmotorischen Kompetenzen von Janek beobachten."*

1. Beginnen Sie zunächst, Informationen über die **Portfolioarbeit** zu sammeln. **Lesen Sie viel**, hospitieren Sie in anderen Einrichtungen, die bereits mit Portfolios arbeiten.

2. Holen Sie **Kollegen mit ins Boot**. Es ist immer schwieriger, als Einzelkämpfer ein neues Konzept zu etablieren, als wenn Sie es gemeinsam in einem Team einführen.

3. Führen Sie ein **pädagogisches Tagebuch**. Konzentrieren Sie sich dabei zunächst auf die gesamte Lerngruppe, in der Sie die Portfolioarbeit einführen möchten. Notieren Sie jeden Tag einige Beobachtungen. Sinnvoll ist es, sich vorab ein Ziel für die Beobachtung zu setzen, zum Beispiel:

   ▶ *„Haben die Kinder heute Lernergebnisse präsentiert?"*
   ▶ *„Wie viel Zeit hatte ich heute, um einzelne Kinder gezielt zu fördern?"*
   ▶ *„Stand den Kindern heute Zeit zur Verfügung, an ihren ganz persönlichen Lernzielen zu arbeiten?"*

   Das pädagogische Tagebuch ist eine gute Vorbereitung, systematische Beobachtungen zu verschriftlichen.

4. Überprüfen Sie, ob in Ihrer Institution die **inneren und äußeren Rahmenbedingungen** für die Portfolioarbeit gegeben sind und was ggf. verbessert werden müsste, z.B.:

   ▶ Sind in Ihrer Schule offene Unterrichtsformen etabliert?
   ▶ Besteht eine ausgeprägte Reflexions- und Gesprächskultur mit allen am Bildungsprozess der Kinder Beteiligten?
   ▶ Werden den Kindern der Prozess des Lernens und die Ziele transparent gemacht? Etc.
   ▶ Einiges wird sich von selbst entwickeln, wenn Sie mit der Portfolioarbeit beginnen. Anderes dagegen kann möglicherweise die Ursache dafür sein, dass die Portfolioarbeit scheitert oder nach kurzer Zeit wieder im Sande verläuft. Beginnen Sie daher frühzeitig, auch die inneren Voraussetzungen für die Portfolioarbeit zu schaffen (vgl. Kapitel 5).

5. Einigen Sie sich auf einen **äußeren Rahmen:** Wie sollen unsere Portfolios aussehen? Verwenden wir stabile Ordner, oder Kisten, oder arbeiten wir mit digitalen Portfolios und scannen die Ergebnisse der Schüler ein? Etc.

6. Setzen Sie sich selbst **kleinere Teilziele,** und legen Sie einen **Zeitrahmen** fest, bis wann Sie sie erreicht haben wollen, z.B.: Bis März habe ich mit jedem Kind zwei Portfoliogespräche geführt.

Beim Portfoliogespräch
© Radoslaw Brzozowski
– Fotolia.com

7. Beziehen Sie von vornherein die **Eltern** mit ein. Stellen Sie ihnen das Konzept und seine Vorteile an einem Elternabend vor.

8. Legen Sie die **Portfolioinhalte und -ziele** fest, wenn möglich, gemeinsam mit den Kindern. Wenn die Kinder von vornherein auch in die Planungsprozesse einbezogen sind, übernehmen sie schnell Verantwortung für ihr Portfolio und damit auch für ihr eigenes Lernen – eines der Hauptziele der Portfolioarbeit.

9. Beginnen Sie, die **Arbeitsergebnisse zu sammeln.** Etablieren Sie einen festen Zeitrahmen, z.B. eine Stunde in der Woche, in dem die Schüler aus den Arbeitsergebnissen eine Auswahl für ihr Portfolio treffen und diese begründen.

10. Beginnen Sie mit den **Portfoliogesprächen,** z.B. einmal im Monat, in denen Sie mit den Schülern einzeln über die Portfolios sprechen und

neue Zielvereinbarungen treffen. Zusätzlich können Sie dem Schüler auch schriftlich eine Rückmeldung zu seinem Portfolio geben.

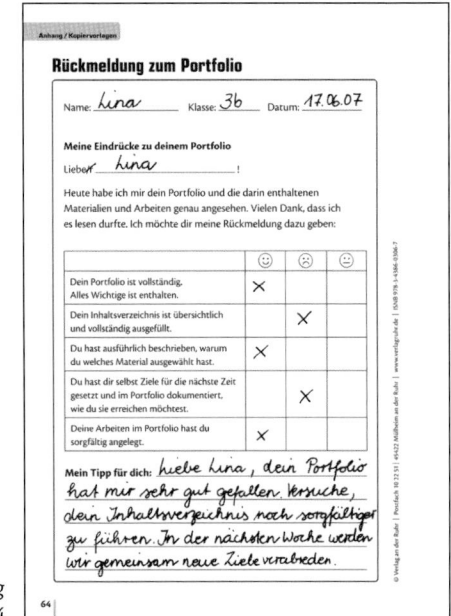

Rückmeldung zum Portfolio, s. S. 64

11. Führen Sie mindestens zweimal im Jahr **Informationsgespräche mit Eltern und Kindern** (s. S. 42). Das kann zu Beginn im Rahmen des gewöhnlichen Elternsprechtages stattfinden, dessen Grundlage nun nicht mehr punktuell gewonnene Leistungsergebnisse sind, sondern die Lernentwicklung des Schülers über einen längeren Zeitraum, dokumentiert im Portfolio.

Generell gilt: **Arbeiten Sie in Ihrem eigenen Tempo, und beginnen Sie mit kleinen Schritten. Portfolioarbeit ist ein Prozess, der sich immer weiterentwickelt.**

7 Eltern für die Portfolioarbeit gewinnen

Können die Kinder sich selbst Ziele setzen?

Ist der Zeitaufwand nicht zu groß?

Was ist, wenn mein Kind schwach ist? Hat es mit der Portfoliomethode trotzdem eine Chance?

Elternarbeit ist in vielen Schulen und Kindergärten ein schwieriges Thema. Die Eltern von neuen Methoden zu überzeugen, erst recht. Dennoch: Richtig herangeführt, lassen sich Eltern meist sehr schnell von den Vorteilen der Portfolioarbeit überzeugen. In jedem Fall sollten Sie **Eltern von Anfang an mit einbeziehen**, denn es ist wichtig, dass sie die Leistungen der Kinder ebenfalls positiv wertschätzen. Abwertende Bemerkungen gegenüber dem Portfolio und damit der Leistung, dem Stolz der Kinder, können sie sehr verunsichern und demotivieren. Auf der anderen Seite gibt es immer wieder Eltern, die bei ihren Kindern einen gewissen Leistungsdruck auch im Hinblick auf das Portfolio aufbauen: *„Hast du auch alles ordentlich abgeheftet? Ist genügend gutes, fehlerfreies Material in deinem Portfolio, oder müssen wir zu Hause noch was machen?"* Wieder andere Eltern verstehen nicht, dass es bei einigen Portfolios Teil des Konzeptes ist, dass auch angefangene Arbeiten und erste Ideensammlungen oder Rohentwürfe im Portfolio abgeheftet sind, die den Entstehungsprozess einer Arbeit veranschaulichen: *„Am besten schreibst du diesen Text zu Hause noch einmal sauber ab, so kann der ja nicht im Portfolio bleiben."* Hier ist Aufklärungsarbeit wichtig!

Gerade im Hinblick auf die Elternarbeit eröffnet das Portfolio aber auch viele
Chancen zur Verbesserung der Kommunikation. Ein Beispiel dafür sind die
portfoliogeleiteten Gespräche am Elternsprechtag. Durch die Portfolios
wird nicht über Abstrakta wie Noten oder erreichte Durchschnittswerte
gesprochen, sondern der Schüler selbst steht im Vordergrund. Direkt an
seinen Arbeiten im Portfolio kann der Lehrer den Eltern die Leistungsent-
wicklung des Kindes verdeutlichen. Ab einem gewissen Alter können die
Schüler das sogar selbst übernehmen; der Lehrer steht hier nur noch
unterstützend beiseite. Wichtigster und erster Schritt bei diesen Gesprächen
ist immer, den Schüler zu bestärken und seine Leistungen wertzuschätzen.
Anschließend reflektieren Schüler Eltern und Lehrer gemeinsam, wo die
Stärken liegen und in welchem Bereich konkrete Ziele für das zukünftige
Lernen verabredet werden sollten. Dabei geht es vor allem um die **Selbsteinschätzung des Schülers**, und nicht so sehr um die Beurteilung durch
den Lehrer. Es kann und soll z.B. auch darum gehen, was dem Schüler
besonders Spaß macht, in welchem Bereich er sich noch mehr engagieren
möchte und wie er seine sozialen Kompetenzen einschätzt. **Die Ergebnisse
des Gesprächs werden schriftlich dokumentiert** und ebenfalls im Portfolio der Schüler hinterlegt.

Auch im Kindergarten sind Portfoliogespräche wichtig, denn es geht um
die gemeinsame Erziehung und Bildungsarbeit mit dem Kind. Lassen Sie
sich nicht von dem Gedanken leiten, die täglich geführten „Tür-und-Angel"-
Gespräche würden schon ausreichen! Für die Kinder ist es von großer
Bedeutung, dass sie in regelmäßigen Abständen (etwa zwei- bis dreimal
im Jahr) Zeit bekommen, gemeinsam mit Eltern und der Erzieherin das
Portfolio anzuschauen. Gerade kleine Kinder lieben ihre Mappen und
präsentieren sie mit Stolz. Eltern sind oft verblüfft, weil sie gar nicht
mitbekommen haben, was ihre Kinder schon alles können. An diesen
Entwicklungsschritten können sie dann auch zu Hause ansetzen.
Es ist wichtig, dass Erziehung im Kindergarten nicht völlig losgelöst von
der Erziehung zu Hause geschieht. **Die Portfoliogespräche sind eine
gute Möglichkeit, gemeinsam Ziele zu vereinbaren und sich über
die Lernfortschritte des Kindes auszutauschen.**

Checkliste „Portfolio und Elternarbeit"

⇨ **Informieren** Sie die Eltern **von vornherein** genau über
Ihr Portfoliokonzept. Dies gelingt am besten, indem Sie
Beispiele mitbringen, anhand derer Sie den Eltern die
Vorteile der Methode ganz konkret verdeutlichen
können.

⇨ Bitten Sie die Eltern, sich **aktiv am Portfoliokonzept**
zu **beteiligen**, indem sie z.B. ab und zu das Portfolio
anschauen und dem Schüler eine positive Rückmeldung
dazu schreiben, die dann ebenfalls im Portfolio dokumentiert wird.

⇨ Führen Sie **portfoliogeleitete Elterngespräche**, indem
Sie das **Portfolio** und damit die Arbeiten der Schüler
als Grundlage heranziehen. Das überzeugt nicht nur
die Eltern von der Portfoliomethode, es hilft Ihnen auch,
die Gespräche offener, konkreter und kindorientierter
zu führen als bisher.

⇨ Zum Schluss, ganz wichtig: Das **Portfolio ist Eigentum
des Kindes**. Nur das Kind selbst bestimmt, wer das
Portfolio anschauen darf!

*„Das habe ich für mein
Portfolio ausgesucht."*

Informationsveranstaltungen

Bevor Sie mit der Portfolioarbeit beginnen, sollten Sie den Eltern eine Informationsveranstaltung anbieten, in der Sie sie über **Portfolios informieren** und in der über **Fragen** und eventuelle **Bedenken** der Eltern gesprochen werden kann. Laden Sie die Eltern in einem Brief dazu ein, in dem Sie schon einmal kurz skizzieren, worum es bei der Portfolioarbeit geht:

▶ Was ist Portfolioarbeit?
▶ Wie wird mit Portfolios gearbeitet?
▶ Das Portfolio als alternative Bewertungsmethode
  in einem offenen, schülerzentrierten Unterricht

Formulieren Sie Ihr Anschreiben möglichst so, dass es neugierig auf Portfolios macht, und den Eltern bereits **im Vorfeld signalisiert**, dass Sie von der Portfolioarbeit **im Interesse der Schüler** sehr überzeugt sind.

Je nach Elternschaft können Sie die Eltern auch bitten, schon vor der Informationsveranstaltung einige Fragen zu formulieren und einzureichen. So können Sie sich einen Überblick darüber verschaffen, welche Fragen und Unsicherheiten die Eltern möglicherweise in Bezug auf Portfolios haben, und Sie können sich ggf. gezielt darauf vorbereiten.

Im Rahmen der Informationsveranstaltung sollten Sie auch einige **Beispielportfolios** (z.B. aus einer Schule, in der Sie im Vorfeld bei der Portfolioarbeit hospitiert haben) bereithalten, um ganz konkret zu veranschaulichen, worum es bei der Portfoliomethode geht. Die Eltern sollten genügend Zeit haben, sich die Portfolios genau anzusehen und Fragen dazu zu stellen.

Haben Sie schon eine Weile mit den Portfolios gearbeitet, können Sie die Eltern auch zu einer **Reflexionsveranstaltung** einladen, in der sie die Möglichkeit haben, **Rückmeldung** zu der Arbeit mit den Portfolios zu geben. Außerdem können **Kritik** und **Änderungsvorschläge** geäußert werden. Wie gesagt – damit das Portfolio zu den Bedürfnissen Ihrer Lerngruppe passt, kann und sollte es immer wieder gemeinsam reflektiert und weiterentwickelt werden.

8 Portfolioarbeit in der Praxis

Entwicklungsportfolio in der jahrgangsübergreifenden Eingangsstufe

Jeden Schüler individuell nach seinen Stärken und Schwächen fördern, sodass am Ende alle Schüler die Bildungsstandards erreichen und auf eine erfolgreiche und schöne Grundschulzeit zurückblicken können – das schien uns Lehrern an der Astrid-Lindgren-Grundschule ein Ziel, das es zu verfolgen lohnt.

Also überlegten wir lange, wie wir unsere Schule und unser Konzept verändern könnten, um optimale Voraussetzungen dafür zu schaffen.

Wir hatten schon einige Artikel über die jahrgangsübergreifende Eingangs-stufe gelesen und waren von dem Konzept begeistert. Schnell war eine **Arbeitsgruppe gegründet**, und wir fuhren durch das Land, um in Schulen zu hospitieren, die das Modell bereits eingeführt hatten. Nur wenige Monate später stand bereits unser Konzept. Die äußeren Rahmenbedingungen des Übergangs waren besprochen, genehmigt, und im folgenden Schuljahr sollte es losgehen. Die wichtigste Frage bereitete uns jedoch noch Kopfzerbrechen: Würden wir es wirklich schaffen, der großen Heterogenität der Schüler Herr zu werden? Im Laufe unserer Hospitationen hatten wir auch schon einige Male Schulen gesehen, die mit dem Portfoliokonzept arbeiten, und waren, trotz der großen Unterschiede in der Umsetzung, immer wieder davon begeistert. Wir beschlossen also, es ebenfalls mit der Portfoliomethode zu versuchen, und wollten sie bereits zu Beginn dieses (noch jahrgangshomo-genen) Schuljahrs einführen, um eine gewisse Erprobungsphase zu haben.

Das schien uns sehr wichtig, denn schließlich war uns klar, dass wir mit der Umstellung einen großen Schritt wagten, und wollten kein Risiko eingehen, dass unser „Versuch" schiefging.

Also begannen wir mit der **Einführung der Portfolios**. Wir hatten uns nach langem Hin und Her für große **DIN-A4-Fächermappen** entschieden und nutzten die Sommerferien, um eifrig die verschiedenen Fächer der Mappen unterteilt nach Schulfächern zu beschriften und mit den Namen der Schüler zu versehen. Ein neues Regal wurde aufgestellt, in dem die Neuankömmlinge neben ihren persönlichen Arbeitsmaterialien auch ihre Portfolios aufbewahren sollten. Ein kindgerechter Name für die Portfolios wurde auch schnell gefunden: Unsere Zaubermappen. Zaubermappe deshalb, weil die darin enthaltenen Materialien bei der Präsentation wie aus einem Hut „gezaubert" werden könnten, um sie Eltern, Lehrern und Mitschülern zu zeigen. Alles war vorbereitet, der erste Schultag rückte näher, es konnte losgehen.

Eine unserer Hospitationsschulen war so freundlich, uns ein Portfolio zur Ansicht zur Verfügung zu stellen, das wir den Eltern auf dem vorbereitenden **Elternabend** präsentierten, um sie mit der neuen Methode vertraut zu machen. Das gelang reibungsloser als gedacht, auch die Zweifler und Kritiker unter den Eltern waren schnell vom Sinn der Methode überzeugt. Wir konnten also starten.

Während der ersten Wochen gelang auch alles ganz gut. Behutsam machten wir die Schüler neben den zahlreichen neuen Eindrücken auch mit ihren Zaubermappen vertraut. Jeweils **in den 10 Minuten vor der Frühstückspause** planten wir täglich etwas Zeit ein, in der einige Schüler die während der morgendlichen Plan- und Freiarbeitsphasen **entstandenen Arbeiten präsentieren** konnten. Diese Methode fand bei den Schülern schnell Gefallen, und während sie zunächst noch den mitgebrachten Teddy oder das neue Stickerheft präsentierten, gingen sie immer mehr dazu über, auch erste eigene Texte, Bilder oder die in Gruppenarbeit entwickelten Plakate über Haustiere vorzustellen. Wir fanden es wichtig, dass die Schüler von Anfang an auch **Präsentationsmethoden kennenlernten**, und vor allem auch schnell lernten, sich **selbst Lernziele** zu **setzen** und die **eigenen Lernfortschritte** zu **reflektieren**. Nach jeder Präsentation gab es zunächst Applaus (das war uns im Sinne der positiven Verstärkung ebenfalls sehr wichtig), dann **gaben die anderen Schüler ihre Rückmeldung**. Auch diese wurde zunehmend differenzierter. Während die Schüler zunächst fast ausschließlich äußerten, dass sie die Präsentation schön fanden, kamen nach und nach auch Fragen dazu (*„Warum hast du gerade das ausgewählt?"* *„Wie bist du auf das Thema für den Text gekommen?"* etc.) und schließlich auch gezielte Rückmeldungen, z.B. Überarbeitungstipps zu den selbst geschriebenen Geschichten. Im Anschluss an die Präsentation durften die Schüler ihr Ergebnis in ihre Zaubermappe legen; auf diese Weise wollten wir die besondere Wertschätzung der Portfoliomappen fördern.

Nach und nach füllten sich die Mappen, und während sie sich füllten, mussten wir feststellen, dass wir **allmählich den Überblick verloren**. Es schien bei der Fülle des Unterrichtsvormittags, insbesondere bei dem von uns seit Langem praktizierten offenen Unterricht, fast

„Die Seite kommt in mein Portfolio."

unmöglich, die Kontrolle über die Portfolios zu behalten. Natürlich nahmen wir regelmäßig auch mal eins mit nach Hause und führten mit einzelnen Schülern auch Gespräche über das Portfolio und die Lernentwicklung, aber das war immer noch zu wenig. Hinzu kam, dass wir nicht bedacht hatten, dass Kinder mit unserer Struktur der Fächermappen nicht so zurechtkamen, wie wir es uns wünschten. Sie waren einfach noch nicht in der Lage, ihre Ergebnisse chronologisch und nach Fächern geordnet in die Zaubermappen zu legen. Auch hatten wir versäumt, von Beginn an penibel darauf zu achten, dass die Schüler ihre Arbeiten mit einem Datum versehen. Die Schreibweise hatten wir zwar schnell eingeführt und auch ritualisiert, dass jeden Morgen ein Schüler das Datum an die Tafel schreibt. Aber wir kamen einfach nicht hinterher, zu kontrollieren, dass die Schüler es auch wirklich auf ihre Ergebnisse schrieben.

Nach einem halben Jahr zogen wir Bilanz und stellten fest: So geht es nicht. In den Portfolios befanden sich zum Teil sehr zerknickte und dadurch keinesfalls mehr ansehnliche Arbeiten, die weder die Schüler in ihrem Lernen bestärkten, noch uns Aufschluss über die Lernentwicklung gaben – schließlich konnten wir zum Teil gar nicht mehr zuordnen, in welchem Zeitraum und unter welchen Bedingungen die Arbeiten entstanden waren.

Wir wollten den Versuch aber nicht aufgeben, zumal auch die Einführung der jahrgangsübergreifenden Klassen bevorstand und wir nach wie vor noch von dem Konzept überzeugt waren. **Also sortierten wir uns neu.**

Wir erstellten **Vorlagen für ein Inhaltsverzeichnis**, in dem die Schüler ihre Ergebnisse eintragen sollten. Um den Schülern auch weiterhin den prozesshaften Charakter der Portfolioarbeit und seine Bedeutung für das eigene Lernen zu verdeutlichen, führten wir das Inhaltsverzeichnis gemeinsam mit den Schülern ein. Wir versammelten uns im Stuhlkreis und legten die Inhalte einer Portfoliomappe im Kreis aus. Die Schüler erkannten selbst das Problem – die fehlende Struktur – und entwickelten in einem gelenkten Unterrichtsgespräch selbst die Lösungsstrategie: Ein Inhaltsverzeichnis muss her. Schnell war allen das Prinzip klar, und wir versuchten alle gemeinsam, im Nachhinein unsere Arbeiten zu strukturieren und in eine chronologische Reihenfolge zu bringen. Die Schüler trugen mit Eifer ihre Dokumente in das Inhaltsverzeichnis ein und machten dabei auch die ein oder andere wertvolle Entdeckung: *„Oh, ich hab ja nur drei Geschichten", „Oh, ich hab nirgendwo eine Überschrift draufgeschrieben, jetzt weiß ich gar nicht, was ich ins Inhaltsverzeichnis schreiben soll"* oder *„Schau mal, im September hab ich vier Matheergebnisse eingeheftet und danach gar keine mehr."*

Bei der Gelegenheit **ersetzten wir
auch die Fächermappen gegen
weiße DIN-A4-Ordner mit Klar-
sichtfolien;** diese äußere Form schien
uns nun für unsere Bedürfnisse viel
geeigneter.

Insgesamt war dieser Vormittag
einer der wichtigsten, ergebnis-
reichsten und schönsten unserer
bisherigen Portfolioarbeit.

Damit wir nicht wieder ins „Chaos"
verfielen, beschlossen wir, **feste
Zeiten für die Portfolioarbeit und
Portfoliogespräche** im Stundenplan
zu integrieren: Jeweils am Freitag in
der dritten und vierten Stunde
wollten wir von nun an direkt an den Portfolios arbeiten. Das bedeutete,
dass wir mit den Schülern einzeln Portfoliogespräche führten, in denen
wir die Arbeit gemeinsam reflektierten und Ziele für die nächsten Wochen
vereinbarten. Zeitgleich nutzten die anderen Schüler die Zeit, wichtige
Ergebnisse aus der Woche in ihre Portfoliomappen einzuheften, mit einem
Reflexionsblatt (s. S. 65/66) zu ergänzen und ins Inhaltsverzeichnis einzu-
fügen. Am Ende der zwei Stunden stand immer eine gemeinsame Präsentation, bei der einige Schüler ausgewählte, für sie wichtige Arbeiten präsentierten.

> Meine Geschichten
>
> Der Schatz ☐ 23. 8
> Die Geißter △ 26. 8
> Auf dem schulhof ☐ 30. 8.
> Der Herbst ♥ 1.9
> Der Herbst ist toll ♥ 5.9.
> Der Geißt △ 7.10.
> Die Tiere ☐ 15.11.
> Der Weihnachtzmann 2 12.
> Ein Neuer Hund für Tim 18.1.

Inhaltsverzeichnis eines Geschichtenportfolios

Heute ist sowohl die jahrgangsübergreifende Eingangsstufe als auch das
Portfoliokonzept bei uns fest etabliert, und es läuft prima. Nach wie vor
arbeiten wir daran, die Portfolioarbeit zu erweitern und unser Konzept zu
professionalisieren. So hat eine Kollegin beispielsweise damit begonnen, ein
elektronisches Portfolio für jeden Schüler am PC zu erstellen, in dem
die eingescannten Arbeiten präsentiert und von den Schülern direkt am

PC mit einem Kommentar versehen werden. Eine andere Kollegin hat ein **Auswertungssystem** entwickelt, mit dem wir noch gezielter die Ergebnisse der Schüler beurteilen und daraus Rückschlüsse für eventuellen Förderbedarf ziehen können.

Auch die **Elternarbeit** hat sich seitdem bei uns sehr verbessert. Es ist sehr viel leichter, mit den Eltern über die Stärken und Schwächen ihrer Kinder zu sprechen, wenn das **Portfolio als Gesprächsgrundlage** dient, und man ihnen direkt am Beispiel zeigen kann, was für die weitere Arbeit mit dem Kind wichtig ist.

Insgesamt sind wir sehr froh, dass wir die Zeit und Mühe in die Entwicklung unseres eigenen Portfoliokonzeptes investiert haben – in unserem eigenen Interesse und vor allem in dem der uns anvertrauten Schüler.

● *Astrid-Lindgren-Grundschule*
Pia Erlach, Beate Strauch

Bewerbungsportfolio in einer 9. Hauptschulklasse

Am Ende der Schulzeit spielt die Vorbereitung der Schüler auf den Schulabschluss eine wesentliche Rolle. Zum einen erwerben die Schüler in dieser Zeit Kenntnisse, die wichtig sind für die Zeit nach der Schule. Zum anderen arbeiten sie auf einen Abschluss hin, der sie für eine Ausbildung oder ein Studium qualifiziert. Im Laufe unserer langjährigen Arbeit mussten wir jedoch feststellen, dass immer weniger unserer Schüler nach der erworbenen Qualifikation tatsächlich einen Ausbildungsplatz erhielten – obwohl wir bereits seit Langem eng mit den Betrieben in unserer Region zusammenarbeiten und obwohl das Bewerbungstraining in unserem Schulkonzept in den oberen Klassen sehr intensiv und konsequent durchgeführt wird – auch mit Hilfe von externen Experten wie Personalfachangestellten größerer Institutionen.

Die Schüler erhielten immer weniger Chancen auf ein Vorstellungsgespräch, und die Begründung lag für uns auf der Hand: Die Zeiten, in denen ein Hauptschulabschluss den Schülern eine solide Qualifikation für einen Ausbildungsberuf liefert, sind vorbei; immer häufiger werden mindestens ein Realschulabschluss, eher noch das Abitur gefordert.

In vielen Konferenzen haben wir gemeinsam überlegt, wie wir den Schülern aus dieser Misere helfen konnten.

Schnell war klar: Nur mit dem Zeugnis sind die Chancen äußerst gering, die Schüler müssen weitere Qualifizierungsnachweise erbringen, aus denen möglichst auch so genannte soft skills, also Kompetenzen wie Teamfähigkeit, Fleiß, Sorgfalt, Verantwortungsbereitschaft etc. hervorgehen. Keine leichte Aufgabe für pubertierende Neuntklässler!

Nach Rücksprache mit einigen Personalleitern entschlossen wir uns, mit den Schülern gemeinsam Bewerbungsportfolios zu erstellen. Eine Bewerbung, die neben den Zeugnissen auch **Leistungsbelege**, d.h. praktische oder theoretische Arbeiten, enthält, gibt den Schülern die Möglichkeit, bereits

Das Bewerbungsportfolio als Empfehlungsschreiben

in der Bewerbung ihre ganz persönlichen Stärken und Fähigkeiten darzustellen und auch zu belegen.

Wir begannen das Projekt zu Beginn eines neunten Schuljahres, zunächst über einen Projektzeitraum von einem Jahr. Mit unserer Unterstützung sammelten die Schüler ihre besten Arbeiten und stellten sie am Ende des Schuljahres im Rahmen einer Projektwoche zu einer aussagekräftigen Mappe zusammen.

Damit das Bewerbungsportfolio zum Empfehlungsschreiben wird, muss es aber noch mehr als die besten Lernprodukte des Schülers enthalten. Vor allem sollten die Schüler ihre Auswahl ganz gezielt begründen. Damit soll möglichen Arbeitgebern vermittelt werden, dass der Bewerber über Fähigkeiten und Qualifikationen verfügt, die über eine fachliche Qualifikation hinausgehen, z.B. die Fähigkeit, Entscheidungen zu treffen und schlüssig zu begründen.

Diese Begründungen können auf verschiedene Weise erfolgen, z.B. in einem **Portfoliobrief** (s. S. 54). Der Leser des Portfolios sieht nicht nur das Ergebnis des Auswahlprozesses, sondern erfährt auch, welche Überlegungen ihn begleitet haben.

Folgende Fragen haben wir vorgegeben:

▶ Nach welchen Kriterien hast du die Arbeiten ausgewählt?

▶ In welchem Zusammenhang stehen sie zu deiner Bewerbung?

▶ Welche Aufgaben bereiteten dir Schwierigkeiten, und wie hast du diese Probleme gelöst?

▶ Welche Stärken siehst du selbst bei dir, und welche Ergebnisse in deinem Portfolio zeigen das?

Diese Briefe haben die Schüler mit unserer Unterstützung im Rahmen der Projektwoche verfasst, nachdem sie schon während des ganzen Schuljahres zu jedem ausgewählten Ergebnis eine kurze Begründung schrieben, weshalb sie gerade diese Arbeit ausgewählt haben.

Fast allen fiel es dennoch sehr schwer, diesen Brief zu verfassen – zum einen, weil die schriftsprachlichen Fähigkeiten bei den meisten nicht zu den Stärken gehörten, zum anderen aber auch, weil sich die Schüler ihrer Stärken meist gar nicht bewusst waren. Diese Erfahrung war auch eine wichtige Rückmeldung für uns und unsere zukünftige Arbeit – wir wollten fortan noch intensiver daran arbeiten, das Selbstbewusstsein der Schüler zu stärken und ihnen helfen, ihre Interessen, Neigungen und Fähigkeiten bereits frühzeitig zu erkennen.

Am Ende der Projektwoche hatten jedoch alle Schüler ein eigenes Bewerbungsportfolio samt Anschreiben zusammengestellt – und alle waren sehr stolz auf ihre Ergebnisse.

Was gehört in ein Bewerbungsportfolio?

▶ Bewerbungsanschreiben

▶ Unterschriebener Lebenslauf mit Foto

▶ Abschlusszeugnis

▶ Titelseite

▶ Inhaltsverzeichnis

▶ Nachweis über Praktika

▶ Empfehlungsschreiben

▶ Zertifikate / Teilnahmebestätigungen

▶ Dokumente schulischer und außerschulischer Stärken

▶ Texte, Produkte aller Art mit
  − Begründung der Auswahl
  − Entstehungsgeschichte der Arbeit
  − Kommentaren von Lehrern, Eltern, Mitschülern, Übungsleitern o. Ä.

Im folgenden Schuljahr haben wir unser Projekt weitergeführt und nach einer intensiven Evaluation auch weiterentwickelt. Wir haben ein Checkheft eingeführt, in dem die Schüler bereits ab der fünften Klasse regelmäßig eintragen und bescheinigt bekommen, welche zusätzlichen Qualifikationen sie im Laufe der Schulzeit erworben haben. Das können freiwillige AGs, Praktika oder die Teilnahme an einem Anti-Gewalt-Training sein, aber auch die Übernahme von Patenschaften für jüngere Schüler oder besondere Leistungen im Sport.

Zudem führen die Schüler bei uns nun auch schon in den unteren Klassen regelmäßig Projektportfolios und lernen so frühzeitig, ihre Stärken zu erkennen und ihre Materialauswahl zu begründen.

Wir konnten feststellen, dass sich die Arbeit an unserer Schule insgesamt verändert hat: Seitdem wir uns noch stärker auf die individuellen Fähigkeiten der Schüler fokussieren, auf „Schatzsuche" gehen, sind auch unsere Schüler ein Stück weit selbstbewusster geworden und entwickeln immer mehr die Bereitschaft, Verantwortung für das eigene Lernen zu entwickeln, statt Schule, Unterricht und oft auch sich selbst einfach nur ablehnend gegenüberzustehen.

Unser Fazit

Das Bewerbungsportfolio hilft den Schülern, ihre eigenen Stärken zu erkennen und zu dokumentieren.

Das Bewerbungsportfolio hilft vielen Schülern auch bei der Berufsorientierung, denn viele Schüler erkannten erst bei der Auswahl der Dokumente, wo eigentlich ihre persönlichen Interessen und Schwerpunkte liegen.

Nach Rücksprache mit den Unternehmen kamen die Bewerbungsportfolios sehr gut an. Auch wenn sie zunächst aufwändiger zu bearbeiten sind, liefern sie ein wesentlich detaillierteres Bild des Bewerbers und erhöhen so gerade für Hauptschüler die Chance auf ein Vorstellungsgespräch oder sogar einen Ausbildungsplatz.

Die Arbeit mit den Portfolios hat auch unsere Arbeit an der Schule insgesamt zum Positiven verändert. Wir sind froh, diese Erfahrung gemacht haben zu können.

○ *Hauptschule Sielenkamp*
Stephan Buchmann, Andrea Rüscher

Beispiel für einen Bewerbungsportfolio-Brief:

Sehr geehrte Frau Jung,

hiermit bewerbe ich mich bei Ihnen für den ausgeschriebenen
Ausbildungsplatz zur Mediengestalterin. Mit großem Interesse habe
ich Ihre Ausschreibung auf Ihrer Website gelesen, und Ihr Firmen-
porträt hat mich sehr darin bestärkt, mich bei Ihnen zu bewerben.

Ich interessiere mich bereits seit Langem für Medien und Werbung
und habe in zwei Praktika in einer Werbeagentur bereits einige
Erfahrungen gesammelt.

Damit Sie sich ein konkreteres Bild von meiner Persönlichkeit und
meinen Fähigkeiten machen können, habe ich für die Bewerbung
dieses Portfolio gewählt. Auf den ersten Seiten finden Sie einige
Texte und Bilder über mich, meine Interessen, das, was mir wichtig
ist und was meine Stärken sind.

Danach habe ich einige Arbeitsproben eingefügt, anhand derer ich
Ihnen zeigen möchte, was ich im Bereich Mediengestaltung schon
gelernt habe. Es sind einige gestaltete Werbeflyer, eine Anzeige und
einige Grafiken, die ich selbst gezeichnet und koloriert habe.
Ich habe alle Arbeiten noch einmal für Sie mit konkreten Kommentaren versehen, in welchem Rahmen ich sie erstellt habe, was ich
Ihnen daran zeigen möchte und warum sie mir für dieses Portfolio
wichtig sind.

Meinen Lebenslauf und Nachweise über die Praktika habe ich
ebenfalls angehängt.

Ich freue mich, wenn Sie sich die Zeit nehmen, mein Portfolio
anzuschauen und mich zu einem persönlichen Gespräch einladen.

Mit freundlichen Grüßen
Anna Gelde

FAQ –
häufig gestellte Fragen

Wenn Sie bis hierher gekommen sind, haben Sie bereits Einiges über Portfolios erfahren. Dennoch sind bestimmt noch viele Fragen unbeantwortet, oder sie sind sogar jetzt erst entstanden. In diesem Kapitel möchten wir Ihnen einige Fragen beantworten, die wir immer wieder gestellt bekommen.

 **Ich möchte gerne Portfolios als alternative Form der Leistungsbewertung einführen, aber unser Gesetzgeber schreibt Noten vor. Kann ich eine Mischform aus beidem wählen und Portfolios auch benoten?**

Ja. Wenn Sie keine Möglichkeit haben, über einen Schulversuch o. Ä. die Portfolios anstelle einer Ziffernbeurteilung einzusetzen, können Sie sie auch benoten. Wichtig ist dabei Folgendes: Legen Sie in Ihrem persönlichen Portfoliokonzept von vornherein einen Schwerpunkt auf das Lernen mit Zielen. Entwickeln Sie von Beginn an einen Kriterienkatalog mit Ihren Beurteilungskriterien. Am einfachsten für die Schüler ist es, wenn dieser genau so viele Stufen enthält, wie das Ziffernsystem (z.B. von 1–5). Machen Sie den Schülern von Anfang an transparent, welche Ziele Sie gemeinsam anstreben und was die Beurteilungskriterien sind. So können Sie erreichen, dass die Leistungsbeurteilung für Schüler und Eltern gleichermaßen nachvollziehbar ist. Setzen Sie für sich selbst das Ziel, bei der Beurteilung der Portfolios die individuelle Lernentwicklung als wichtigstes Kriterium zu berücksichtigen. Auf keinen Fall sollten Sie die Portfolios untereinander vergleichen (soziale Bezugsnorm) und daraus eine Note generieren.

Achtung, Datenschutz!
Worauf muss ich achten?

Das Portfolio ist immer Eigentum des Kindes, denn es enthält seine ganz persönliche Lernbiografie. Sie sollten daher darauf achten, dass die Portfolios für die Kinder selbst immer zugänglich sind. Aus Gründen des Datenschutzes sollte jedoch niemand anderes Einblicke in die Portfolios erhalten – es sei denn, Sie haben das Kind um Erlaubnis gebeten. Dies halten wir auch aus ethischen und moralischen Gründen für sehr wichtig – das Kind selbst entscheidet, wer sein Portfolio sehen darf. So handhaben wir es auch mit Besuchern, die in unserer Schule hospitieren und die Portfolioarbeit kennenlernen möchten. Die Kinder sind in der Regel sehr stolz auf ihre Arbeiten und gerne bereit, sie den Gästen zu zeigen. Dies schult zugleich auch ihre Präsentations- und Reflexionskompetenz. Zudem erhalten sie so auch eine positive Rückmeldung und Anerkennung ihrer Leistungen.

Einigen Sie sich in jedem Fall im Kollegium auf eine klare, gemeinsame Linie, welche Art von Aufzeichnungen und Dokumenten im Portfolio für alle sichtbar gemacht werden soll und was der Geheimhaltung unterliegt, z.B. Beobachtungsbögen, Förderpläne etc.

Ich unterrichte eine erste Klasse.
Ist der Begriff „Portfolio"
da nicht noch viel zu abstrakt?

Wählen Sie einen Begriff, der zu Ihnen und Ihrer Gruppe passt. Manche bleiben gerne bei dem Begriff „Portfolio", andere nennen es aber auch „Zauberordner" oder „Schatzkiste". Gerade jüngere Kinder können mit dem Begriff „Portfolio" oft noch nichts anfangen, und verstehen nicht immer gleich, worum es bei der Portfolioarbeit geht. Mit einem metaphorischen Begriff verstehen sie aber sofort, welche Wertschätzung ihrer eigenen Leistungen, ihrer Entwicklung und nicht zuletzt ihrer Persönlichkeit hinter der Portfolioarbeit steckt.

Ist es nicht utopisch, dass Kinder mit Portfolios schon in der Grundschule ihre eigenen Lernziele formulieren können?

Wenn Kinder daran gewöhnt sind, ihre Arbeitsergebnisse genau anzusehen und ihre Lernfortschritte zu reflektieren, lernen sie allmählich auch, eigene Lernziele zu formulieren. Natürlich ist es bis dahin ein weiter Weg, der die Begleitung eines Erwachsenen bedarf. Die Arbeit mit Portfolios ermöglicht es aber, die Kinder auf diesem Weg zu begleiten und sie zu einer realistischen Selbsteinschätzung und sinnvollen Zielformulierung zu befähigen. So werden Kinder zu selbstständigen und selbstbewussten Lernern.

Ich möchte mit der Portfolioarbeit beginnen, aber meine Kollegen sind noch skeptisch. Wie kann ich sie überzeugen?

Die beste Möglichkeit, Kollegen zu überzeugen, ist, sich mit anderen Pädagogen auszutauschen, die bereits längere Zeit mit dem Portfolio- konzept arbeiten. Nehmen Sie sich die Zeit, in einer Schule oder in einem Kindergarten zu hospitieren, die bereits Erfahrung mit der Portfolioarbeit gesammelt hat. Sinnvoll ist es auch, an einer speziellen Fortbildung zum Thema Portfolio teilzunehmen.

Wir haben seit einiger Zeit die Auflage, Bildungsstandards zu erreichen. Hinzu kommen Vergleichsarbeiten. Wie kann jeder Schüler an seinen eigenen Zielen arbeiten, und hinterher sollen doch alle das Gleiche erreichen? Ist das nicht unmöglich?

Nein, ist es nicht. Unmöglich ist, dass alle Schüler im pädagogischen Gleich- schritt mit derselben Lernmethode zum selben Zeitpunkt dasselbe Ziel erreichen. Die Voraussetzungen, Vorkenntnisse etc. der Schüler sind grund- sätzlich sehr unterschiedlich, auch wenn uns das System der Jahrgangsstufen homogene Lerngruppen vortäuscht. Nur wenn wir es schaffen, jedes Kind auf der Grundlage seiner individuellen Voraussetzungen zu fördern, jedes in seinem Lerntempo arbeiten zu lassen und ihm die Methoden an die Hand zu geben, die es für seine optimale Lernentwicklung benötigt, können am Ende alle Schüler die Standards erreichen. Natürlich sind in unserem Bildungssystem die Voraussetzungen für dieses Ziel nicht optimal. Aber die Portfolioarbeit kann maßgeblich zum Gelingen beitragen.

Ich habe mich bereits ausführlich über die Arbeit mit Portfolios informiert und finde die Methode sehr interessant. Aber unser Zeitplan ist sowieso schon so eng gesteckt, und Portfolio klingt nach sehr viel Aufwand. Ist das überhaupt zu schaffen?

Jede Veränderung im Schul- und Kindergartenalltag bedeutet anfänglich mehr Arbeit. Je nachdem, wie viele der Voraussetzungen (vgl. Kapitel 5) bei Ihnen schon erfüllt sind, bedeutet die Portfolioarbeit mehr oder weniger Veränderungen.

Wenn Sie einige Zeit mit den Portfolios gearbeitet haben und es geschafft haben, die Portfolioarbeit fest in Ihre Arbeit zu integrieren, werden Sie merken, dass Ihnen am Ende mehr Zeit zur Verfügung steht. Die Lernkultur in Ihrer Institution verändert sich, die Schüler übernehmen selbst mehr Verantwortung für ihr Lernen. Natürlich erfordert Portfolioarbeit auch zunächst mehr Vor- und Nachbereitungszeit, um auf die individuellen Bedürfnisse der Schüler eingehen zu können. Aber die Zeit, die Sie früher benötigten, um überhaupt den organisatorischen Rahmen des Unterrichts zu regeln oder die Schüler von vorne zu „belehren", haben Sie nun, um einzelne Schüler individuell zu fördern, gezielter zu beobachten, Unterrichts-prozesse zu optimieren. Das führt letztendlich auch zu mehr Zufriedenheit mit Ihrer eigenen Arbeit.

 **Ich habe eine dritte Klasse, in der ich im nächsten Schuljahr mit der Portfolioarbeit beginnen möchte. Die Klasse ist sehr schwach. Gerade deshalb möchte ich die Portfolios als Alternative zur herkömmlichen Leistungsbewertung einsetzen. Ich mache mir aber Gedanken, ob die Schüler wirklich schon in der Lage sind, die Materialien selbst auszusuchen.**

Gerade für eine schwache Klasse eignet sich das Portfolio als Alternative zur herkömmlichen Leistungsbewertung besonders gut. Natürlich wird es den Schülern am Anfang schwerfallen, aussagekräftige Dokumente für ihr Portfolio selbst auszuwählen. Sie können damit beginnen, die Schüler regelmäßig Ergebnisse präsentieren zu lassen, z.B. im Rahmen des Morgenkreises. Zunächst sollte die Präsentation immer unter folgenden Leitfragen stattfinden:

▶ Warum hast du gerade dieses Ergebnis für die Präsentation ausgewählt?
▶ Was zeigt dieses Ergebnis, was du schon besonders gut kannst?
▶ Welches Ziel möchtest du in diesem Bereich als nächstes erreichen?

Es ist selbstverständlich, dass niemand zum Präsentieren gezwungen werden sollte. Aber gerade in unteren Klassen haben die Schüler in der Regel noch viel Freude daran. Und dadurch, dass im Klassenverband präsentiert wird, lernen auch diejenigen, die selbst nicht präsentieren.

Wenn Sie dann mit der Portfolioarbeit beginnen, lassen Sie die Schüler zunächst alle Ergebnisse in einer eigenen Ablage sammeln. Führen Sie als festes Ritual am Ende der Woche eine gewisse Zeit ein, in der die Schüler aus dieser Ablage die Materialien für das Portfolio auswählen. Dabei stehen dieselben Leitfragen im Vordergrund wie bei den Präsentationen. Wenn möglich, sollten Sie den Schülern diese Fragen bereits als Kopiervorlagen zur Verfügung stellen (farbiges Papier motiviert zum Schreiben!), denn sie sollen möglichst frühzeitig auch lernen, ihre Auswahl schriftlich zu begründen. Das fällt manchen am Anfang sehr schwer, und die Kinder brauchen hier von Ihnen viel Zuspruch. Manche Kinder haben auch besonders große Schwierigkeiten damit, sich selbst richtig einzuschätzen. Aber gerade diesen

Kindern hilft die Portfolioarbeit auch; sie ist hier Lernmethode und Lernziel zugleich. Wenn Sie möchten, können Sie die Fragen auch mit der Zeit noch erweitern, zum Beispiel:

▶ Was hast du bei dieser Arbeit dazugelernt?
▶ Wie lange hast du dafür gebraucht?
▶ Worauf bist du bei dieser Arbeit besonders stolz?

Eine weitere Alternative ist, zunächst mit einem Ankreuz-Reflexionsbogen zu arbeiten, bei dem die Schüler nicht selbst schreiben müssen.

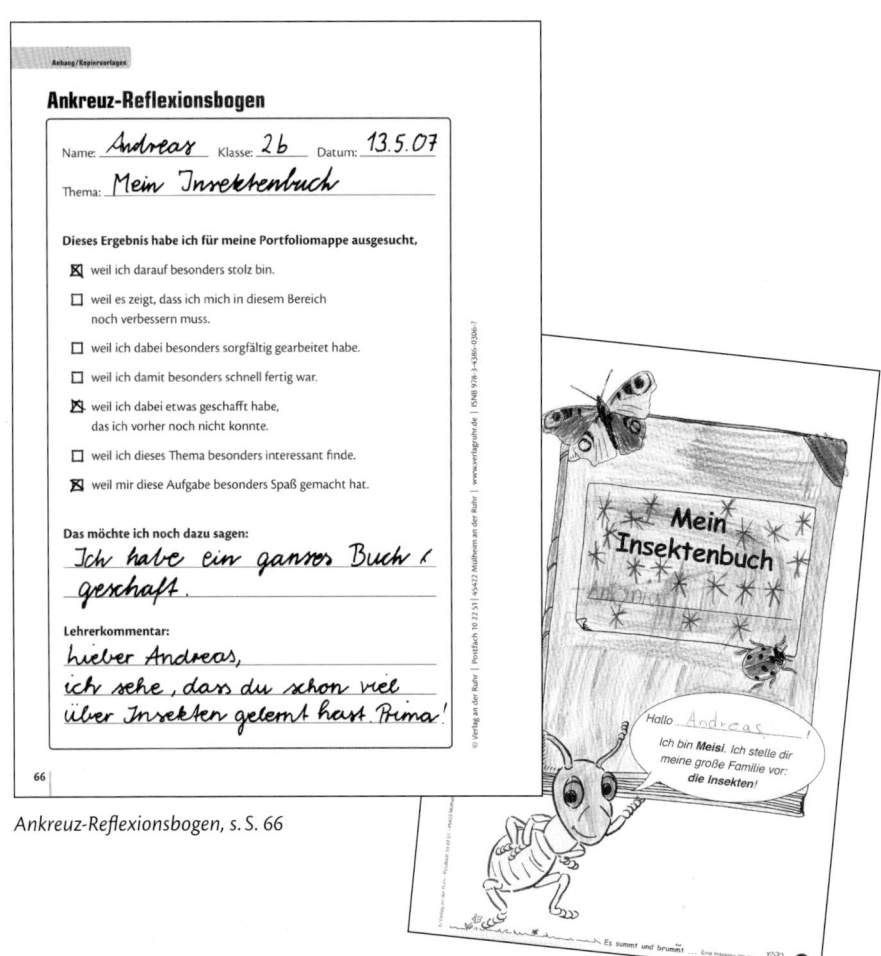

Ankreuz-Reflexionsbogen, s. S. 66

Sie werden sehen: Selbst schwache Schüler entwickeln auf diese Weise meistens erstaunlich schnell Reflexionskompetenzen, wenn man sie entsprechend heranführt und ihnen auch immer wieder den Sinn der Portfolioarbeit verdeutlicht.

 **Ich möchte gerne bei uns am Gymnasium in meinen Klassen die Portfoliomethode einführen. Leider bin ich selbst nur Fachlehrer und habe nur wenige Stunden Zeit in der Klasse zur Verfügung.**

Wenn Ihre Kollegen noch skeptisch sind und Sie selbst auch noch nicht viele Erfahrungen mit der Portfoliomethode gesammelt haben, ist es am einfachsten, in einer Klasse mit einem fachbezogenen Projektportfolio zu beginnen. Die Schüler führen es über einen bestimmten Zeitraum (z.B. eine längere Themeneinheit), in der sie sich auch Bereiche eigenständig aneignen und sowohl Wahl- als auch Pflichtteile bearbeiten. Während dieser „Erprobungsphase" sollten Sie die einzelnen Schritte, Verbesserungsvorschläge etc. genau dokumentieren. Anschließend präsentieren Sie Ihren Kollegen (vielleicht auch gemeinsam mit den Schülern) die Ergebnisse. Es ist sinnvoll, sich auch von den Schülern ein Feedback einzuholen.

Wenn Sie danach mit den Portfolios weiterarbeiten möchten, sollten Sie sich für eine Form entscheiden: Möchten Sie weiter fachbezogen mit Projektportfolios arbeiten? Wollen Sie mit Lernportfolios die Lernentwicklung der Schüler über das ganze Schuljahr begleiten? Möchten Sie, dass die Schüler zum Ende des Schuljahres ein Präsentationsportfolio mit ihren besten Arbeiten erstellen?

Wenn es Ihnen gelingt, Kollegen für ein Lernportfolio mit ins Boot zu holen, einigen Sie sich vorher auf eine gemeinsame Struktur. Es wäre beispielsweise möglich, dass Sie gemeinsam Reflexionsbögen, Lernzielformulare usw. entwickeln, die alle Fachlehrer verwenden. Trotzdem führen die Schüler nur ein Portfolio, dass mit Hilfe von Trennstreifen in die Fächer unterteilt ist.

Das hat zugleich den Vorteil, dass auch Fachlehrer immer den „ganzen"
Schüler im Blick haben, und nicht nur seine Teilkompetenzen. Man nimmt
einen Schüler, den man nur aus dem Mathematikunterricht kennt, wo er
schwach ist, ganz anders wahr, wenn man sieht, dass er toll zeichnen kann
oder ein Ass im Sport ist. Umgekehrt hilft es dem Lehrer auch, seine eigene
Arbeit zu reflektieren, und sich gemeinsam mit den anderen Lehrern über
verbindliche Standards z.B. in der Bewertung auszutauschen.

Wir können Ihnen nur empfehlen: Probieren Sie es aus!

Schlusswort

Lieber Leser,

Sie sind am Ende des Buches angekommen. Wir hoffen, wir konnten Ihnen die Portfolioarbeit ein Stück weit näherbringen und Ihnen Lust machen, selbst mit der Portfolioarbeit zu beginnen. Mit auf den Weg geben möchten wir Ihnen noch einen **persönlichen Tipp**:

Führen Sie auch selbst ein Portfolio.

Dokumentieren Sie Ihre ersten Schritte mit der Portfolioarbeit in Ihrer Klasse oder Kindergartengruppe. Nehmen Sie sich auch die Zeit, Ihr eigenes Portfolio regelmäßig zu evaluieren. Sie werden sehen, dass es Ihnen hilft, die Veränderungen in Ihrer Lerngruppe bewusst wahrzunehmen und Ihr eigenes Portfoliokonzept gezielt weiterzuentwickeln. Viele Fragen können Sie viel leichter klären, wenn Sie den Prozess aus Ihrer ganz persönlichen Sicht dokumentiert haben:

▶ Habe ich die Ziele erreicht, die ich mir für meine Arbeit gesetzt habe?
▶ Habe ich die benötigte Zeit über- oder unterschätzt, und sollte ich am organisatorischen Rahmen etwas verändern?
▶ Gibt es Teilprozesse, die noch nicht so laufen, wie ich es mir erhofft habe?
▶ Und natürlich auch: Was hat sich zum Positiven verändert, wo sind die Stärken meiner ganz eigenen Portfolioarbeit?

Sie werden sehen, dass diese Methode – auch wenn Sie zunächst nach mehr Arbeit aussieht – die ersten Schritte mit der Portfolioarbeit ungemein erleichtert.

Rückmeldung zum Portfolio

Name: _____ Klasse: _____ Datum: _____

Meine Eindrücke zu deinem Portfolio

Liebe/r _____!

Heute habe ich mir dein Portfolio und die darin enthaltenen
Materialien und Arbeiten genau angesehen. Vielen Dank, dass ich
es lesen durfte. Ich möchte dir meine Rückmeldung dazu geben:

	☺	☹	😐
Dein Portfolio ist vollständig. Alles Wichtige ist enthalten.			
Dein Inhaltsverzeichnis ist übersichtlich und vollständig ausgefüllt.			
Du hast ausführlich beschrieben, warum du welches Material ausgewählt hast.			
Du hast dir selbst Ziele für die nächste Zeit gesetzt und im Portfolio dokumentiert, wie du sie erreichen möchtest.			
Deine Arbeiten im Portfolio hast du sorgfältig angelegt.			

Mein Tipp für dich: _____

_____

_____

_____

_____

© Verlag an der Ruhr | Postfach 10 22 51 | 45422 Mülheim an der Ruhr | www.verlagruhr.de | ISNB 978-3-4386-0306-7

Reflexionsbogen zu meinem Arbeitsergebnis

Name: _____ Klasse: _____ Datum: _____

Thema: _____

Ich habe dieses Ergebnis in mein Portfolio gelegt, weil ...

_____

_____

_____

Ich finde, daran kann man besonders gut erkennen, dass ...

_____

_____

_____

Das will ich zu diesem Thema noch lernen:

_____

_____

_____

Das kann ich schon gut:

_____

_____

_____

© Verlag an der Ruhr | Postfach 10 22 51 | 45422 Mülheim an der Ruhr | www.verlagruhr.de | ISNB 978-3-4386-0306-7

Ankreuz-Reflexionsbogen

Name: _____ Klasse: _____ Datum: _____

Thema: _____

Dieses Ergebnis habe ich für meine Portfoliomappe ausgesucht,

☐ weil ich darauf besonders stolz bin.

☐ weil es zeigt, dass ich mich in diesem Bereich
noch verbessern muss.

☐ weil ich dabei besonders sorgfältig gearbeitet habe.

☐ weil ich damit besonders schnell fertig war.

☐ weil ich dabei etwas geschafft habe,
das ich vorher noch nicht konnte.

☐ weil ich dieses Thema besonders interessant finde.

☐ weil mir diese Aufgabe besonders Spaß gemacht hat.

Das möchte ich noch dazu sagen:

_____

_____

Lehrerkommentar:

_____

_____

_____

© Verlag an der Ruhr | Postfach 10 22 51 | 45422 Mülheim an der Ruhr | www.verlagruhr.de | ISNB 978-3-4386-0306-7

Literatur und Internet

Literaturhinweise

Für den Kindergarten:

Bostelmann, Antje (Hrsg.):
Das Portfoliokonzept für Kita und Kindergarten. Individualisiertes Lernen organisieren. Verlag an der Ruhr, 2007.
ISBN 978-3-8346-0199-5

Krog, Göran; Lindewald, Maria:
**Portfolios im Kindergarten –
das schwedische Modell.**
Lernschritte dokumentieren, reflektieren, präsentieren. Verlag an der Ruhr, 2007.
ISBN 978-3-8346-0242-8

Bostelmann, Antje (Hrsg.):
So gelingen Portfolios in Kita und Kindergarten. Beispielseiten und Vorlagen. Verlag an der Ruhr, 2007.
ISBN 978-3-8346-0322-7

Für die Grundschule:

Bostelmann, Antje (Hrsg.):
Das Portfolio-Konzept in der Grundschule. Individualisiertes Lernen organisieren. Verlag an der Ruhr, 2006.
ISBN 978-3-8346-0137-7

Grace, Cathy; Shores, Elizabeth F.:
Das Portfolio-Buch für Kindergarten und Grundschule.
Verlag an der Ruhr, 2005.
ISBN 978-3-86072-943-4

Müller, Andreas:
Erlebnisse durch Ergebnisse.
Das Portfolio als multifunktionales Werkzeug im Unterricht.
Grundschule, Heft 6/Juni 2005, S. 9–18

Für die Sekundarstufe:

Kerr, Rob:
Portfoliomappe Selbstdisiziplin.
Verlag an der Ruhr, 2007.
ISBN 978-3-8346-0341-8

Scianna, Rosetta:
Bewertung im Offenen Unterricht.
Leistungsbeurteilung als Förderinstrument.
Verlag an der Ruhr, 2004.
ISBN 978-3-86072-861-1

Wiedenhorn, Thomas:
Das Portfolio-Konzept in der Sekundarstufe. Individualisiertes Lernen organisieren. Verlag an der Ruhr, 2006.
ISBN 978-3-8346-0152-0

Übergreifend:

Easley, Shirley-Dale; Mitchell, Kay:
Arbeiten mit Portfolios. Schüler fordern, fördern und fair beurteilen. Kl. 1–10.
Verlag an der Ruhr, 2004.
ISBN 978-3-86072-869-7

Winter, Felix:
Leistungsbeurteilung. Eine neue Lernkultur braucht einen anderen Umgang mit Schülerleistungen. Grundlagen der Schulpädagogik. Schneider Verlag Hohengehren, 2006. ISBN 978-3-8340-0181-8

Zetterström, Agneta:
Individuelle Entwicklungspläne. Schüler optimal begleiten und fördern – Das schwedische Modell. Kl. 1–10. Verlag an der Ruhr, 2007. ISBN 978-3-8346-0261-9

Internettipps

⊞ **www.portfolio-schule.de**
Umfassend informierende Seite in Bezug auf Portfolioarbeit

⊞ **www.lehrer-online.de/leseportfolio.php**
Ein Beispiel für die Erstellung eines individuellen Leseportfolios für die Sekundarstufe

⊞ **www.teachsam.de/arb/portfolio/portfolio_0.htm**
Hinweise zu Entwicklung und Erstellung eines Portfolios

⊞ **www.regenbogenschule.de/portfolio.htm**
Leistungsbewertung mit Portfolios

⊞ **www.learn-line.nrw.de/angebote/portfolio/index.html**
Informationen zum europäischen Sprachportfolio

⊞ **www.pi-stmk.ac.at/ahs/publikationen/themenhefte/portfolio.pdf**
Aufsatz über die Arbeit mit Portfolios in Grundschule und Sekundarstufe, herausgegeben vom Pädagogischen Institut des Bundes in Steiermark

⊞ **www.verlagruhr.de**
Die in diesem Werk angegebenen Internetadressen haben wir geprüft (Stand 12/2007).
Da sich Internetadressen und deren Inhalte schnell verändern können, ist nicht auszuschließen, dass unter einer Adresse inzwischen ein ganz anderer Inhalt angeboten wird. Wir können daher für die angegebenen Internetseiten keine Verantwortung übernehmen.